上游思維

DAN
HEATH

UPSTREAM

THE QUEST TO SOLVE PROBLEMS
BEFORE THEY HAPPEN

在問題發生前解決的根治之道

丹・希思——著
廖亭雲——譯

獻給我的哥哥奇普，
感謝他讓我遠離法學院。

目錄 CONTENTS

序章 朝上游移動 015

第一部

上游思維三大阻礙

第3章 隧道效應 077

第二部

上游行動者面對的七大問題

第5章

如何改變制度？ 122

第6章

如何找到施力點？ 143

第9章 **如何避免造成傷害？** 206

第10章 **誰要為沒發生的事付出代價？** 227

第三部
上游的上游

第11章
危言聳聽的難題：遙遠且未必會發生的威脅　247

序章

朝上游移動

想像你正和朋友在河畔野餐。突然間，你聽到水裡傳來叫聲：有小孩子溺水了。你和朋友不假思索跳入水中，抓住小孩後，游回岸上。你還來不及喘過氣，又聽到另一個小孩求救，於是你和朋友跳回河裡，把第二個小孩也救起來。接著又有個溺水的小孩漂過來……後頭還有一個……再後面又一個，你和朋友幾乎來不及救人。突然，你看到朋友漸漸走出水中，似乎要把你獨自留在河裡。「你要去哪裡？」你追問。朋友回答：「我要去上游處理那個一直把小孩丟進水裡的傢伙。」

——公共衛生寓言故事（改編自一般認為由厄文・佐拉所寫的故事）

顧客爲什麼打電話給客服？

二〇一二年，旅遊網站智遊網（Expedia）顧客體驗團隊的主管萊恩．歐尼爾，仔細檢視公司客服中心的部分資料。他發現其中一項統計數字難以置信到不可思議的地步：透過智遊網預訂旅遊行程的顧客裡，有五八％會在預訂後來電尋求協助，不論訂的是機票、飯店房間或租車都一樣。

沒錯，線上旅遊網站的最大賣點就是自助服務，完全不需要打電話。請想像一下，有座加油站可以讓你在加油時直接使用刷卡機，但大約有六成機率會出現問題，讓你不得不走進加油站辦公室尋求協助。智遊網當時的情況就是如此。

一直以來，客服中心的管理目標都是效率和顧客滿意度，客服人員所接受的訓練就是爲了讓顧客開心，而且越快越好，畢竟縮短通話時間就能節省支出。歐尼爾說：「我們從成本的角度看待問題。我們一直想要縮減開支。原本十分鐘的電話，能不能縮短成兩分鐘？但眞正的問題應該是：爲什麼是兩分鐘？爲什麼用『分』來計算？」

當你長年來一直致力於應對問題，有時反而會忽略明明可以預防的情況。歐尼爾向自己的上司，也就是全球顧客營運執行副總裁塔克．穆迪報告自己的發現後，兩人共同深入探討一個很基本、卻被忽略的問題：爲什麼有那麼多顧客打電話給我們？

於是他們彙整出顧客尋求協助的常見原因排行榜。

顧客來電的最主要原因是什麼？索取行程副本。

二〇一二年，約有兩千萬通客服電話都是爲了這件事。兩千萬通電話！舉例來說，就像是這一年內整個佛羅里達州的居民都打過電話給智遊網。

如果一通電話的客服支出是五美元，那麼這可是事關一億美元的問題。話說回來，爲什麼顧客無法自動取得行程副本？答案其實很簡單：顧客輸入的電子郵件地址有誤，或是行程通知信跑到垃圾信件匣；又或者顧客誤以爲是詐騙信件，所以將行程通知信給刪除了。讓問題更嚴重的是，顧客沒辦法從網站上重新取得行程副本。

歐尼爾和穆迪把這些資料交給時任智遊網執行長的達拉・霍斯勞沙希。他記得自己當時這麼說：「我們得想辦法解決這個問題。」霍斯勞沙希不僅贊成他們把重點放在減少客服電話數量，更要求顧客體驗團隊將這一點設爲首要目標。接著，公司集結了跨部會成員組成「戰情室」，每天開會。戰情室被交付一項簡單的任務：**讓顧客不必打電話到公司客服**。

戰情室針對最常見的客服需求研擬解決方案，一次解決一項問題。第一項是要求行程副本，解決方法很快就誕生了：新增自動化選項到公司的語音回覆系統（「請按『2』以重新寄送您的行程」）；變更電子郵件的寄送方式，以避開垃圾郵件篩選系統；並建立線上工具，讓顧客能自行處理相關作業。

現在，這類來電幾乎已全數消失，兩千萬通客服電話就這樣再也不見。其他「十大」問題也有類似的進展，從二〇一二年起，智遊網顧客來電尋求協助的比例從五八％下降到約一五％。

智遊網減少客服電話數量的計畫就是很成功的上游介入行動。所謂的「下游行動」是在問題發生後有所應對，至於「上游行動」的目標，則是要避免問題發生。你可以選擇回應顧客的來電，並解決顧客對行程通知遺失的投訴（下游）；你也可以想辦法確保顧客在一開始就收到行程通知，讓這些客服電話不再出現（上游）。

當然，人人都希望活在能預防問題發生的上游世界，而不是只能對問題有所反應。那麼究竟是什麼讓我們無法如願？回顧一下智遊網的成功故事，其中尤其令人費解的是：爲什麼花了這麼長的時間才採取行動？公司怎麼會無動於衷到有兩千萬人來電要求行程副本的地步？不是應該在更早的時間點、例如紀錄顯示客服已接到第七百萬通電話時，就已經警鈴大作了嗎？

組織分工的陷阱

智遊網的高層並非無動於衷。他們當然注意到數量驚人的客服電話，只是組織的形式導致他們忽略了自己的觀察。智遊網和大多數企業一樣，會將人力分配到不同的團隊，而每個部門都有各自的重點工作。行銷部門負責吸引顧客進入網站、產品部門負責鼓勵顧客完成預訂手續、技術部門負責確保網站功能順暢運作，至於客服部門，則負責以迅速又令人滿意的方式處理顧客的問題。

請觀察一下這其中缺了什麼：沒有任何一個部門的職責是**確保顧客不需要連絡客服**。事實上，即便顧客不再打客服電話，也沒有任何一個部門會因此獲益，因爲沒有任何團隊是以這項指標來衡量表現。

就某些角度而言，部門各自的目標反而會助長客服電話數量。以產品部門來說，目標是盡可能提高訂單量，所以最佳策略就是只向顧客要求電子郵件地址一次，因爲請顧客再次輸入相同資訊會增加阻力——每一百位顧客中，就可能有一位會因此感到煩躁而放棄交易。

想當然耳，這項決策的副作用就是有些顧客會打錯自己的電子郵件地址，最後只好連絡客服以取得行程副本。這是制度上的失敗，其實顧客根本不需要打客服電話，但從表面上看來，這兩個部門仍出色地達成目標：產品部門順利完成交易，客服部門也迅速處理好隨之而來的顧客來電。

當時擔任智遊網財務長的馬克．奧克斯特魯（後來在二〇一七年成爲執行長）曾說：「我們在建立組織時，目的是讓員工有可以聚焦的目標，基本上就是允許他們只關注眼前的問題。我們傳達的訊息是：你要處理的問題在這，請界定你的職責並建立策略，然後集結資源來解決這個問題。另外，你有絕對的權利可以忽略不符合這項目標的其他任何東西。」

奧克斯特魯想強調的是，聚焦目標是組織的優點也是缺點。組織內的專業分工可以創造出絕佳的效率，但也使各部門的計畫難以透過嶄新且有利的方式整合在一起，自然也難以從上游著手。

社會的許多層面也是如此，我們在生活中經常陷入反應的循環：要滅火、要處理緊急狀況、要解決一個又一個問題，但我們從來沒有回過頭來修正造成問題的制度。

治療師幫助毒品成癮的人勒戒；企業的人資專員負責招募新員工，以塡補離職高階人才的空缺；小兒科醫師爲有呼吸問題的孩子開立噴劑處方箋。當然，有專業人士能處理問題固然很好，但如果成癮者從一開始就不碰毒品、高階人才願意留任、兒童不會罹患氣喘，難道不是更好嗎？爲什麼我們的心力大多放在應對問題上，而不是預防措施呢？

早在二〇〇九年，我和加拿大某城市副警長的一段對話，就引起了我對上游思維的興趣。他認爲警力不成比例地集中在處理犯罪事件，而不是預防犯罪發生。副警長說：「有不少員警就是想上演警察抓強盜的戲碼。比起說『我要花點時間勸導這個誤入歧途的孩子』，說出『我逮捕了這個人』簡單多了。」

副警長以兩位員警爲例：第一位員警每次輪班時，都會花一半的時間站在容易發生意外的街角；只要看到這位員警，駕駛人就會變得比較謹慎，可能也有助於防止行車意外。第二位員警則是隱身在角落，出奇不意地將違反禁止轉彎規定的車輛逮個正著。副警長指出，第一位員警對公共安全的貢獻比較多，但獲得表揚的卻是第二位，因為有一整疊罰單可以證明他的努力。

這就是我們偏好事後反應的原因之一：成果比較具體。下游行動的成效較容易被看到，也較容易衡量；上游行動的效果則是隱晦到令人惱怒。某天，開車出門的一家人並未發生車禍，因為他們看到警察後，行動變得較為謹慎，但他們對於沒發生的意外一無所知，員警本人也一樣。究竟要怎麼證明沒發生的事？身為副警長，你唯一的期盼就是詳盡記錄車禍次數，等到數字開始下降時，才能察覺策略奏效。但即便你自信地認為自己的努力確實有效，還是無從得知究竟是誰受到幫助，只能看到紙上的某些數據有向下的趨勢。你的成功故事是由資料數據寫成，上頭記錄著隱形的英雄拯救了隱形的受害者。

所謂的上游行動

在本書中，我對上游行動的定義是「為了避免問題發生所採取的作為」或「能系統性降低問題所造成傷害的措施」。舉例來說，教導孩子游泳就是避免溺水的絕佳上游策略；不過即便是泳技絕佳的人，有時也可能面臨溺水的風險。因此在我看來，救生圈也能稱做上游工具。乍看之下，救生圈似乎是被動措施，畢竟任何需要靠別人投擲救生圈才能獲救的人，基本上都已陷入危機；但如果我們想解決的「問題」是**溺斃**，那麼救生圈很顯然可以避免憾事發生。

上游行動的典型特徵之一，是涉及制度面的思考：由於主管機關注意到有溺水的風險，因此採購了救生圈，並設置在緊急狀況發生時能立即取用的地點。相對的，父親爲了幫助掙扎的孩子，而慌亂地跳進水上樂園的泳池中，就是反應行動。上下游通常會相互影響，例如這位父親救起兒子後，園方很有可能會檢討這次事件，並做出系統性變革，以確保類似事件不再發生，於是下游的救援行動催生了上游的改革。

相較於「預防」或「主動」，我個人偏好使用「上游」一詞，因爲我相信水流的比喻能激發大家用更寬廣的角度來思考解決方案。本章以溺水孩童的寓言故事爲開頭，意在凸顯出兩種不同的立足點：下游和上游。不過在現實中，我們面對的幾乎是沒有盡頭的時間線，我們也可以在不只一個時間點採取介入行動。換句話說，「往上游移動」指的不是到達特定的目的地，而是朝特定方向移動。例如游泳課就是比救生圈**更上游**的做法，而且一定有辦法找到更上游的解決方案，只是過程會更複雜。

既然要討論上游行動的光譜分布，不如拿具體一點的問題爲例：二〇一三年，竊賊闖入我父母位於德州大學城的房子，當時他們正在附近散步。就在屋內空無一人的時候，竊賊從後門入侵，偷走了一只皮夾、兩部手機和一些珠寶。我的父母向警方報案，但不幸的是，竊賊一直沒有落網，這個從下游採取的應對方式失敗了。

那麼有什麼方法能徹底避免竊盜案發生嗎？比如說，案發數秒前：震耳欲聾的警報聲；案發前幾分鐘：此住宅裝有警報系統的明顯標示，例如常在門口看到的保全公司標誌（但這很可能只能讓竊賊把注意力轉移到隔壁）；案發幾小時前：更顯眼的警察身影。

又或者是案發數月前：倘若竊賊並非初犯，可能需要強制接受特定的行爲治療，或許有助於打破累犯的循環。案發前幾年：請記得，沒有任何小孩想在長大後闖空門。所以從竊賊的角度而言，最上游的解決方案之一，應該是營造出沒有必要偷盜的社區氛圍，因爲不乏其他豐富的機會——順道一提，如果你覺得上述策略實在太理想化，請耐心讀到第四章：有個國家奉行類似的機會哲學，幾乎徹底解決了青少年藥物和酒精濫用的問題。

我們有可能在竊案發生的幾十年前，就想到預防的方法嗎？當然，上游是沒有盡頭的。心理學家及兒童發展專家理查·特蘭姆雷的論點是，預防攻擊行爲的最佳時機，就是罪犯還在母親肚子裡的時候。特蘭姆雷指出，有一串與母親相關的特定風險因子，可以用來預測孩子長期的肢體攻擊行爲：貧窮、抽菸、營養不良、憤怒和憂鬱，再加上婚姻狀況不佳、教育程度低落，以及青少年時期懷孕。根據特蘭姆雷的說法，這些因子通常都有關聯性，而且更重要的是，這些因子是可以**改變**的。目前特蘭姆雷正在執行的計畫，就是為了幫助處於上述高風險狀態的孕婦，「為了要解決主要出現在男性身上的攻擊性問題，我們需要把重點放在女性身上。」特蘭姆雷向科學期刊《自然》表示，「只要改善女性的生活品質，成果就會顯現在下一代身上。」

如果我們願意假設以上種種解決方案有效，就會傾向於選擇更上游的解決方案，也就是能讓孩子更不容易變成罪犯的方法。然而，儘管就各方面而言，上游解決方案都較為理想，卻也比較複雜和模糊。試想：特蘭姆雷希望大幅改善孕婦的生活環境，以減少涉及風險因子（貧困、憤怒、憂鬱）的機率，這表示她們生下的孩子將較不容易出現攻擊傾向，也能降低將來從事犯罪活動的風險。也許十八年後，某位女性的孩子會上大學，而不是闖空門。下游行動涉及的範圍較小，效果也較快出現、容易衡量；上游行動涉及的範圍比較大，成效出現得較緩慢且難以衡量，不過一旦發揮作用，就會有絕佳效果，能帶來大規模且長久的益處。

那麼，究竟哪一種做法才正確，上游還是下游？我們該用警報系統來阻止竊案，還是照顧好潛在「罪犯」的母親？最優先也最理想的答案是：為什麼要二選一？如果企業有辦法架設多層防護措施以**避免網路斷線**，我們當然也能投入多層次的預防措施，來處理犯罪和其他重大問題。

如果我們活在缺乏資源的世界，當然就只能選擇單一介入點，也就必須面對令人沮喪的答案：沒人知道哪一個介入點才正確。目前全世界都還沒蒐集到充分證據（更遑論下定決心），來鎖定犯罪「水流」的正確遏止點；或者說得更精準些，對任何重大問題都是如此。這正是我寫作本書的主因之一，儘管我們能在寬廣的光譜上找到各種可用選項來處理世界上的各種問題，但大多數時候，我們還是把自己局限在一小塊行動範圍裡：事後反應。除了反應，還是反應。

我們花費數十億美元在颶風和地震重建，但預防災害工作卻長期面臨資源不足的窘境。協助遊民的機構多達數百個，但有多少組織的成立宗旨是**避免人們無家可歸**？以伊波拉病毒爲例，一旦開始蔓延到其他國家，就會演變成國際間必須優先處理的問題，之後也就更難吸引資金挹注於地方保健系統，好預防下一波疾病爆發。

這並不表示上游解決方案一定都是正確的，當然也不表示我們應該放棄下游行動——不論在哪一端，我們都希望有人能伸出援手。重點在於人們投注的關心極度不均衡，太過專注於拯救掉進河裡的孩子，以至於無法深入調查爲什麼他們會陷入危機。

從「讓你痊癒」到「讓你更健康」

以美國來說，最亟需推動這類變革的領域，莫過於產值高達三・五兆美元的醫療產業，其規模幾乎是國家整體經濟的五分之一。美國的醫療體系可說是專為事後反應而設計，主要功能就像個巨大的「復原」按鈕。動脈阻塞？好，我們會疏通動脈。髖骨碎裂？沒問題，我們可以進行髖關節置換。視力不佳？簡單，我們可以矯正。如果一切都順利進行，醫療體系能讓你重獲基本的健康，但是想找到負責處理「該如何讓你更健康？」（這和「該如何應對這些讓你不健康的問題？」是完全不同的問法）這個問題的專業人士卻很難。

醫療體系有辦法轉換成上游思維嗎？變革需要大幅修正政策，但醫療政策卻是眾所皆知的兩派分裂議題。為了深入理解政治上保守派和自由派的基本價值，蕾貝卡．奧尼和羅考．波拉共同創辦了「健康計畫」（The Health Initiative）這個組織，並且在北卡羅萊納州的夏洛特召集了兩組焦點團體①：其中一組為自由派非裔女性組成，另一組則是保守派白人女性。向兩個團體提出的問題是：「如果妳有一百美元，要如何用這筆錢協助妳所在的社區買到健康？」團體成員可以選擇將這一百元分配在數個不同分類上。

自由派非裔女性會將大部分經費用在其他範疇，例如二十五美元用在健康的食物、十九美元用在可負擔的住所，以及在托兒服務花費十四美元；分配於正規醫療體系（醫院和診所）的費用只有約三分之一。那麼保守派白人女性呢，她們是如何運用經費的？幾乎一模一樣！兩個團體的數字相似到幾乎連小數點最後一位都一樣。在美國各地進行的其他焦點團體調查也都有相同的發現，包括男性、拉丁裔、中間選民等等。「花費模式的相似度真的很驚人，」波拉表示，「於是我們中止了這項研究。」

總之，即便兩派經常爭論不休，但所有人其實都支持同一種經費分配方式。橫跨整個政治光譜，大家都一致認爲，「買到健康」最好的方式，就是把三分之二的經費投資在能讓人民健康的體系（食物、住房等等），剩下的三分之一再投入醫療體系。換句話說，大多數人認爲，如果我們花了一美元在下游醫療，就應該在上游投入兩美元，才是比較明智的做法。

事實上，這樣的比例很接近全球已開發國家的現況。以其他已開發國家的長期平均支出模式而言，國家在下游每支出一美元，就會在上游投入二到三美元。不過有個例外，沒錯，就是美國。在美國，在下游每花費一美元的同時，只會在上游投入大約一美元，相較於其他已開發國家，這是最低的上下游支出比例。

過去經常聽到的說法是，美國「花了太多錢」在醫療上，但這是過度簡化的結論。確實，就長期而言，美國用於正規醫療的GDP比例比其他已開發國家更高，但如果考慮到其他國家投入在健康和所謂「社福」的經費——也就是包括住房、年金和托兒服務等可算是上游

1　focus group，是質性研究的一種方法，藉由訪談以獲取對研究主題的觀點和評價。團體成員由實驗者選擇而定，並保證受試者在過程中能充分表達個人的意見和主張。

的支出，美國的保健支出根本微不足道。根據伊莉莎白・布萊德利、海瑟・西普斯瑪和蘿倫・泰勒二〇一七年的研究資料，美國的整體保健支出在三十四個國家中排名第九。

布萊德利和泰勒在《美國醫療矛盾》（*The American Health Care Paradox*）一書中指出，在處理健康問題上，美國眞正的特異之處不在於**支出規模**，而是**支出方式**。相較其他國家，美國花了更多金錢解決人民的病痛，但用於保障人民健康的經費卻較少。美國在下游，其他國家則在上游。

說實話，實際情況更糟糕：就算是上游支出，美國還是比其他國家位在更下游之處。根據智庫蘭德公司（RAND）的研究報告，就編列上游預算的比例而言，其他已開發國家投入於支援家庭（育兒補助、托兒服務等）的支出是美國的三倍；而美國的高齡支出比這些國家多出約三成。

由於美國醫療體系專注在下游行動，因此很擅長治療有重大疾病的患者，例如癌症或心血管疾病，這就是爲什麼沙烏地阿拉伯的王子會飛往休士頓或波士頓治療癌症；不過因此受益的可不只有王子，而是所有罹患這些疾病的人。美國領先全球的成就包括人工膝關節置換術和心臟繞道手術、腎臟移植人數，以及需要進行髖關節置換並在六個月內完成手術的年長者比例，這些都是投入下游行動的成果。

專注在下游行動的缺點

至於另外一面，專注在下游行動又有什麼缺點？讓我們來看看挪威的一些實證。挪威是很值得深究的對照組。就GDP百分比而言，美國花費在保健領域上下游的總支出很接近，但挪威的首要支出卻和美國完全不同：挪威政府每在下游花費一美元，同時也會在上游投入約二．五美元。

挪威保健方面的首要支出用在哪些地方？以懷孕生子爲例，挪威的孕婦不需要支付任何產檢、生產，以及孩子出生後的診療費，一切由政府包辦。

在孩子出生前十個月內，只要家長處於受雇狀態超過六個月，就有權以下列各種事由請假：母親可在預產期前三週請假；孩子出生後，雙親都可以請十五週的育嬰假。育嬰假結束後，家庭還共享十六週的請假額度，雙親可視情況共用。另外，各位，建議你做好萬全準備再往下讀：以上這些都是有薪假，共計四十九週。順道一提，如果雙親中有一方不符合上述的工作條件，就無法請有薪假，不過可以領取大約九千美元的一次性補助。

小孩滿一歲後，保證有優質的全日托兒可供父母申請，以浮動價格計算，雙親每個月最多只需要支付數百美元。此外，每個家庭每月還可獲得一小筆補助，每名孩童大約爲一百多美元，一直領到孩子滿十八歲爲止。這筆錢可用於購買尿布、食物或學校用品，也可以用於儲蓄大學基金——但這麼做意義不大，因為在挪威念大學不必繳學費。

哪一個國家人民比較健康？是挪威或美國？其實根本不必比較：以嬰兒死亡率而言，挪威在國際上的排名是第五低，美國則是第三十四；挪威的平均壽命全球排名第五，美國第二十九。論到壓力最低的國家，挪威排名第一，美國是第二十一名。至於幸福程度——總該輪到美國領先了吧？可惜猜錯了。挪威排名第三，美國第十九。

但我必須在這裡指出上述統計的一些限制，以避免過度簡化實際情況。即便美國在上游的支出和挪威不相上下，也無法保證美國人民的健康能達到類似水準。保障所有公民的健康是很複雜的任務，與相對來說人口同質性較高的挪威相比，美國長期以來的不平等和種族歧視問題，又使得這個目標更難達成。另一個限制則比較偏向數學問題，所謂的上游／下游支出「比例」並不是絕對的指標。舉例來說，你可以大幅縮減下游的醫療支出，好讓上下游支出數字的比例更漂亮，但這麼做不會讓任何人更加健康。重點在於：如果把保健支出想成一大桶現金，我們可以說，美國使用這桶錢的方式和其他國家非常不同。而如果想改善美國人民的健康狀況，最明智的做法就是**增加**上游支出，或是把一些下游支出挪動到上游。

別忘了，兩個國家花費在保健醫療（包含上下游）的GDP百分比大致相同，因此挪威的支出並沒有比較多，只是運用方法很不一樣。美國強調的是高音，挪威強化的則是低音；美國的選擇是成為一個越來越擅長從河裡救起溺水小孩的國家。

但美國其實有另一種選擇。

別忘了，我們有能力解決問題

我寫作這本書的目標是說服讀者，我們都應該把更多精力轉移到上游，無論是個人、組織、國家，還是全球。我們可以，也應該停止一而再、再而三地應付問題所產生的症狀，並開始著手解決問題本身。

在此同時，更應該正視變革後所面臨的挑戰。以墨西哥市的情況爲例：一九八九年，市政府依車牌尾數區分，規定一般民衆每週的某個工作天禁止開車上路。此舉原是要鼓勵市民使用大衆運輸工具，進而改善空氣品質。從**預防**空汙的角度而言，這確實是理想的上游行動。然而政策失敗了，不少墨西哥市市民選擇購入第二輛車，以便能每天開車；而且爲了省錢，多半購買老舊汽車。結果，空氣品質並沒有改善。

良好立意無法保證成效。

上游行動最吸引人的一點，就在於能反映出人性最好和最糟的一面。走向上游，意味著宣告自身的獨立性：**我可以不受這些外力所控制**——我可以控制這些因素，我可以形塑自己的世界。但這樣的意志底下，可能隱含著英雄主義和傲慢的種子。

有時候，這種經控制的欲望可帶來驚人的成果。以根除天花爲例，光是二十世紀，這種病毒就估計導致三億人口死亡，全球無一角落得以倖免。然而在大規模的努力下，天花已經系統性地遭到根除，最後一個自然感染天花的人類，是位於索馬利亞馬爾卡一家醫院的廚師阿里・馬奧・馬林。他在一九九七年確認遭到感染後，有關單位馬不停蹄地以兩週時間爲附近社區共五四七七人注射疫苗，就是爲了確保天花不會再擴散，天花的歷史也就此畫下句點。人類並不是治療天花，而是徹底滅絕了這種病毒。這就是上游行動發揮最佳效果的案例。

這起事件還有段令人讚嘆的後話：馬林成功痊癒後，在索馬利亞投身根除小兒痲痺的運動，他以自己感染天花的經驗爲例，強調注射疫苗的重要性。順道一提，一九七八年，有另一個人悲劇性地經由非自然途徑感染了天花：英國的醫學攝影師珍妮特・帕克。她的暗房正好位在病毒學家亨利・貝德森教授的實驗室上方。當時貝德森正在研究天花病毒，由於趕著完成部分研究，他在防護措施上偷工減料，導致病毒沿著通風管傳播到帕克的暗房。帕克因此不幸死亡後，貝德森對自己的行爲感到羞愧不已，最後自殺身亡。

然而這些控制過的欲望，也就是**「我可以把情況塑造得符合自己的理想」**也可能會誘使人們在尚未釐清全局時採取行動。當我們對幾乎一無所知的體制進行改革時，很容易就會不小心陷入意外後果的泥淖中。可以確定的是，這些懷有崇高理想的行動很容易淪爲惡夢，不但沒有讓世界更好，反而讓狀況更糟。

在上游的領導階層必須解決一些棘手的問題：該如何在問題發生前偵測到它？如果成功的定義是**沒有發生**任何事，要如何衡量成效？（回想一下那位用站崗而不是開單以避免車禍的員警。）此外，誰會因為那些沒發生的事而必須付出代價？

在接下來的章節裡，將深入分析以上各種複雜的難題，並向一些成功克服這些障礙的人士求教。我們會探訪美國第一個徹底解決長期遊民問題的城市；也會探討大型都市學區如何把資源投注在高中的其中一個學年，並順利將畢業率提高二五％；接著，還會談到提供訂閱服務的網路公司，如何找出方法，在客戶初次註冊的四週內就預測哪些人會取消年度訂閱。

本書的探索之旅分為三個階段：首先，要克服把我們往下游推、又阻礙人們預防問題發生的三大力量。接著，將探究上游行動者必須回答的七個基本問題，也會分析各種成功和失敗的預防措施，釐清哪些策略會成功，又有哪些阻礙該注意。最後，我們要考量的是「更上游」的思維：萬一眼前的問題從來沒有發生過該怎麼辦（甚至可能根本不會發生）？

大多數人都會同意「預防勝於治療」，但我們的行動卻往往不是如此。以社會上大部分的行動而言，大量的資源都投注在治療面：快速、大量、有效率，並大肆宣揚這些事後的反應、復原和拯救行動。但我們其實可以做得更好：少一點事後補救，多一點超前部署。現在世界需要的是低調一點的英雄，願意為不再需要高調拯救的世界積極努力。在生活中、社會中，**有多少問題是因為我們已經忘了自己有能力解決**，所以一味容忍？

第一部

上游思維三大阻礙

第1章
對問題盲目

一九九九年，醫師及運動訓練員馬可斯·艾略特成爲美式足球隊「新英格蘭愛國者」的隨隊人員。當時隊上的選手長期飽受膕繩肌（大腿後側一系列肌群的統稱）受傷之苦，但大衆看待「受傷」一事的心態卻極爲危險，認爲這「只不過是運動的一部分」，艾略特提到。「大家認爲這就是運動的本質，而這也只是比較怪異的運動傷害而已。」美式足球是很辛苦的運動，所以球員難免會受傷，這是無法避免的事。

艾略特的思維卻不太一樣，他認爲大多數的傷害就是不當訓練的後果。在美國國家美式足球聯盟大部分的訓練環境中，都把重點放在練得更壯、更強。儘管選手的身體和他們在球場上的位置有極大差異，訓練內容卻幾乎一樣。艾略特表示：「這簡直就像走進診間後，醫師既沒有開口問診，也沒有對你進行任何檢查，就直接開處方箋給你。完全沒有道理可言，但職業運動員的訓練方式就是如此……完全是一體適用的計畫。」

於是艾略特引進全新且個人化的方法；尤其是膕繩肌受傷風險最高的球員（如接球員），更需要特別關注。艾略特仔細研究每位球員、測試他們的肌力、觀察衝刺時的施力狀況，以找出肌肉不平衡之處（例如一側的膕繩肌比另一側強壯）。根據這些評估結果，球員依受傷風險分成高、中、低不同組別。高受傷風險的球員必須進行密集的非賽季訓練，以修正艾略特所發現的肌肉警訊。

在前一個賽季，愛國者隊的球員共經歷了二十二次膕繩肌受傷；但在艾略特的計畫實施後，受傷次數降到只有三次。驚人的成效和其他類似的成功案例，讓眾人的懷疑煙消雲散。二十年後，像艾略特這樣以資料為導向，並為選手量身打造的訓練方式，已明顯普遍許多。

後來艾略特成立一間名為「P3」的運動科學公司，專門為頂尖運動員進行評估和訓練。公司會利用3D動作擷取技術，精密地分析運動員跑步、跳躍和轉動的過程，且分析的精確度相當驚人，堪稱頂尖運動員的磁振造影（MRI）。艾略特可以對著運動員侃侃而談：

「你看，你跳起來再著地的時候，身體其中一側所受到的衝擊多了二五％；另外，我們也注意到你的股骨呈內旋，脛骨則是外旋。在我們檢查過的所有運動員中，你的相對轉動率（relative rotation）落在第九十六百分位。就我們評估過的運動員來說，只要相對轉動率高於第九十五百分位，都會在兩年內發生膝蓋受傷的狀況，所以應該針對這一點進行改善。然後這部分的訓練結束後，我們會再重新評估看看改善了多少……」

目前NBA的現役球員中，有超過半數都曾接受過P3的分析。

艾略特指出：「你不能等著這些糟糕的狀況發生，而是應該找出表示風險存在的訊號，然後採取行動。如果你只是等著壞事發生，就不太可能讓事情恢復到原來的樣子。」在艾略特和有相同理念的同儕努力之下，運動傷害防護科學在職業運動界日益盛行。

現況如此，怎麼辦？

職業運動員很辛苦，難免會受傷，這是無法改變的事實。這種心態就是我稱之爲「對問題盲目」的典型例子，認爲負面結果會自然發生，且無法避免，也超出我們可以控制的範圍。當我們對問題盲目，就會把問題視爲有如天氣般的現象。我們或許知道天氣很糟，但最後也只會聳聳肩接受這一切。不然還能怎麼辦？天氣就是這樣。

「對問題盲目」是上游思維三大阻礙之中的第一種，也是我會在本章深入分析的主題。對問題視而不見，就無法解決它，而這樣的盲目可能導致我們在面對巨大傷害時仍採取被動態度。爲了往上游移動，首先我們必須克服這一點。

一九九八年，美國第三大學區芝加哥公立學校系統（Chicago Public Schools, CPS）的畢業率是五二・四％，意思是在此學區就讀的學生，有一半的機率能取得高中學位。醫療專家保羅・巴塔爾登曾寫道：**「每種體制的設計都會徹底反映在最後產生的結果上。」**這麼說來，學校就是一種爲了當掉半數學生而設計的體制。

想像一下：你是這個學區的老師或行政人員，善良的你非常想改變這些不合理的情況，該從哪裡開始才好？你的偉大願景很快就會面臨學區這個龐雜系統的挑戰，包括近七百所學校、三十多萬名學生，以及近四萬名教職員工。做爲對照組，威斯康辛州綠灣的學區只有兩萬多名學生。芝加哥公立學校系統有這麼多教師，整個學區的預算高達六十億美元——等同於整個西雅圖市的總預算。

接下來要說的這則故事，是關於一群有信念的人如何努力從內部改革巨大又運作不良的體制，以及他們如何爲了避免學生被落下，努力往上游尋找解方。如果要點燃改革的火花，首先必須翻轉的是錯誤的心態。共同領導這次改革的肯伍德學院高中（Kenwood Academy High School）校長伊莉莎白・柯比表示：「有很長一段時間，大家都有這種觀念，認爲你進入高中後，不是成功就是失敗。對這些孩子來說，高中就是決定誰贏誰輸的地方；如果他們沒有成功，那就是自己的錯。現況就是這樣，所以沒有人會質疑。」

現況就是這樣，所以沒有人會質疑。這正是對問題盲目。在體制內，大多數人都已經習慣這樣的低畢業率，他們認爲身爲學生卻無法畢業，問題一定是出在難以解決的根源：家庭經濟狀況不佳、一年級到八年級的初級教育失敗、創傷性情緒經驗、缺乏營養……其中最關鍵的是「學生本來就不夠努力」：上課缺席、不交作業。學生似乎一點也不在乎學業，高中老師或校長又能做什麼呢？整體情況看起來非常棘手。接著，一年又過去，畢業率仍然徘徊在五成左右，又加深了體制內人員的無助感。**這個世界很殘忍，但現實就是這樣，我也無能爲力**。

希望的第一道曙光來自芝加哥大學學校研究聯盟（University of Chicago Consortium on School Research, CCSR）的伊蓮·艾倫斯沃思和約翰·伊斯頓，他們進行的學術研究證實學校領導階層確實有影響力能改善畢業率。二〇一五年，根據聯盟發表的研究結果顯示，有方法可以預測高中新生會畢業或肄業，而且準確率高達八成。

這種預測方法是基於兩個意外簡單的因子：一、學生確實修完五門一年期課程的學分；二、學生不及格的情況只發生在其中一學期的一門核心課程，例如數學或英文。這兩項因素結合之後，就可以歸納出「新生步入正軌」（Freshman On-Track, FOT）指標。如果新生在這項指標中屬於「步入正軌」，畢業機率將是「未上軌道」學生的三·五倍。

「這項指標比其他因素的總和還重要。」佩姬·朋德表示，她自二〇〇七年起受雇於芝加哥公立學校系統，並管理新生步入正軌計畫。在這項指標的計算過程中，顯然沒有納入的因素包括：收入、種族、性別——以及大概是最令人難以置信的一點——學生本人在八年級整學年的學業表現。

最後一項重點：八年級成績落在倒數二五％的學生，如果九年級時能保持在正軌上，畢業的機率就可以到達六八％，遠高於學區的平均畢業率。研究人員更發現，學生在九年級這一學年的表現藏有關鍵，可用來預測學生究竟能否順利從高中畢業。

爲什麼？九年級有什麼特別之處嗎？部分原因在於芝加哥沒有所謂的「中學」：小學到八年級爲止，高中則是從九年級開始。因此從八年級升上九年級是非常大的轉變，簡直就像直接從小孩畢業變成大人。

「在轉變的過程中，人是相當脆弱的。」莎拉．鄧肯指出。她所創辦的非營利組織「大學傑出表現支援網」（Network for College Success）在芝加哥公立學校系統的計畫中扮演了關鍵角色。鄧肯表示，學生通常會在九年級首次嘗到失敗的滋味，而老師簡直就像樂於讓學生體驗失敗似的，可說是一種愛之深責之切的心態。鄧肯解釋：「老師以爲成績不好的孩子會產生『我必須努力一點』的想法。有時確實如此，但大多數的十四歲孩子一旦失敗，就會解讀成：『我不屬於這裡，我不夠好。』他們就會退縮。」

那麼該如何讓學生維持在正軌上？請記得：指標只是一種預測方法，並不能解決任何問題，就像煙霧偵測器無法滅火一樣。而且如同偵測器的運作，警鈴一旦響起，表示壞事已經發生；你也錯過了預防問題發生的機會。意思是，如果發現學生在九年級結束時偏離正軌，表示傷害已經造成。

不過和煙霧偵測器不同的是，正軌指標提供了可能的預防方法：確保有風險的學生能負荷所有課程，並針對核心課程給予額外的支援。在完成這項任務的過程中，學區固有的措施將從各層面遭到顛覆。

順道一提，雖然是老生常談，但這裡仍然必須注意「相關≠因果關係」。改善新生的步入正軌數值並無法保證提升畢業率，但可以合理認爲兩者有因果上的相關性，而且研究人員確實持續追蹤這項計畫，當然足以證明這一點。

一方面，既然九年級是關鍵轉捩點，那麼理想的做法就是請最出色的老師來指導新生，這種做法與一般的排序相反——最出色的老師通常更想指導較成熟的中、高年級學生，不過現在我們都知道，九年級學生值得最好的教學。

此外，從指標的角度來看，與紀律相關的某些措施開始顯出自我毀滅的一面。莎拉．鄧肯表示：「我們剛展開這項計畫時，學生正處在動不動就被停學兩週的狀況下。並不是因爲帶槍到學校，只是因爲他們在走廊上發生衝突，甚至連出手打人都沒有。」當時正是所謂的「零容忍」時期。

當有風險的學生（原本就難以跟上學校進度的一群）遭到停學兩週的處分時，會發生什麼事呢？他們會跟不上功課進度、被當掉、脫離正軌，然後無法畢業。任何學校行政人員應該都很難意識到，嚴刑峻法眞的有可能摧毀學生的未來。

了解差異所在，改變就能發生

每種體制的設計，都會徹底反映在最後產生的結果上。

話雖如此，最深遠的改變其實發生在教師心態上，「新生步入正軌」計畫「改變了老師看待自身工作的本質，也改變了老師和學生之間的關係。」研究人員伊蓮恩·艾倫斯沃思指出這一點。「這之間的差別在於『盡到自己的教學責任後打成績』和『我的責任在於確保所有學生都能通過這堂課，所以如果他們遇到困難，我必須找出原因。』」

身爲教師，只要你認爲自己的職責是輔助學生，而不是評價他們，就足以改變一切。這會改變合作的方式，原因之一在於，如果要確實輔助遇到困難的學生，基本上是無法獨力完成的，畢竟你一天只能見到學生幾個小時。學生只在你的課堂上遇到困難嗎？還是其他課都是如此？學生沒來上學的頻率有高？其他老師有沒有更容易連絡到學生的方法？簡而言之，你必須進一步了解學生，也必須與同事合作。

在傳統制度中，同科目的教師才會一起討論：社會科老師有社會科的會議，英文老師有英文科會議等等。不過現在老師開始參與跨科討論，也就是參與所謂的「新生傑出表現團隊」。團隊成員定期開會，以檢視學區提供的資料報告，其中包括每位學生的即時資訊。這是有史以來第一次，所有老師可以同時三百六十度地檢視每位學生的進度。

佩妮．朋德以假想的學生麥可爲例子：「當老師的美好之處是，不論你的理念是什麼，只要你參與的討論和麥可有關，就是在關心他。這一切的重點在於大家眞正關心的事……『我們下星期要怎麼幫麥可？』」

每位學生的需求都不盡相同：愛麗絲在數學科需要額外協助，但不願意開口；不過只要你主動提供協助，她還是會接受。麥斯每天早上都必須陪妹妹上學，所以總是遲到；他需要的是把選修課排在第一堂，這樣就算因遲到而不及格，被當掉的也不會是核心課程。肯恩有點懶惰，總是想辦法逃避功課，不過只要連絡上他媽媽，她就會盯著肯恩把功課做完。而茱莉需要的是當她缺席時，能有人打電話到家裡提醒。必須一提的是，管理出席率是該計畫最重要的環節之一，誠如朋德所說的：「就是這麼簡單明瞭，只要你上完學校裡的每一堂課，就能**從學校畢業**。」

一個學生接著一個學生，一場會議接著一場會議，一所學校接著一所學校，一學期接著一學期，統計數字開始有了改變。學生的出席率提升、成績提升、維持正軌的數值提升；接著，四年之後，畢業人數比任何人預期的都還要多。到了二〇一八年，畢業率躍升至七八％，二十年以來首次提升二十五個百分點之多，因爲有數百位教師、行政人員和學者在上游付出努力。

根據粗略估計，二〇〇八年至二〇一八年之間，取得高中學位的學生多出了三萬人。如果沒有學區的努力，這些學生有可能會中途放棄。這些畢業生永遠不會曉得，在新生步入正軌計畫延遲或從來沒有實行的平行時空裡，自己很可能會半途而廢，人生也會超乎想像地變得更艱難。

由於這些學生順利畢業，使得他們的生涯薪資平均增加了三十萬到四十萬美元。學區高層在上游獲得的勝利價值高達一百億美元，並持續增加中——這只是列出學生將來會獲得的額外收入，還不包括無數其他隨收入提升而來的正面漣漪效應，例如更好的健康狀態和更幸福的生活。

將「看似正常的現象」問題化

芝加哥的成功故事預告了我們將在本書探索的諸多主題，例如為了在上游達到目標，領導者必須滿足以下條件：及早發現問題、在複雜的體制中鎖定施力點、找出可靠的方式衡量成效、率先提出合作的新模式，並將成果帶入體制內，以發揮長久的效果。話雖如此，請務必記得，如果想和他們一樣成果斐然，領導者首先要從「對問題盲目」的狀態中醒過來。畢竟你無法解決自己看不到的問題，也無法消除自認不幸但無法避免的生命狀態，例如「美式足球是很辛苦的運動，球員當然會受傷」。

爲什麼我們會成爲對問題盲目的受害者？

猶他大學的心理學教授特拉夫頓．德魯曾帶領研究員進行過一項實驗：他們在病人的一組胸腔斷層掃描影像中加上了一隻迷你猩猩——放射師會透過這樣的影像尋找疑似癌症的跡象，而且當然，病人並沒有眞的把猩猩吸入肺部。德魯其實是想對放射師做些實驗：究竟有多少放射師專注於尋找可能是癌症的結節時，會發現影像裡有隻猩猩？

還眞的不多。二十四位放射師中，有二十位完全沒看見，他們陷入了一種叫做「不注意視盲」的現象，也就是當我們謹愼地把專注力投入在一項作業時，將導致自己難以發現與該作業無關的重要資訊。

不注意視盲會使我們缺乏周邊視野，再加上時間壓力，很可能就會造成提不起好奇心的心態：我必須持續專注於手上的工作。當教師和校長年復一年、汲汲營營地想提升學生的考試成績，卻不願正視良好成績需要投入的資源，又因爲永無止境的繁瑣規定和課程變更而飽受挫折，他們就會失去周邊視野。這些教師和校長就像太專注於分析掃描影像的放射師一樣，只想找出結節，卻沒看到猩猩，於是隨著時間過去，他們不再關心畢業率，因爲他們的工作負擔已經夠重了；更何況，憑他們的力量又能改變什麼？

對了，如果你心裡有點瞧不起那些看不到猩猩的放射師……不曉得你有沒有注意到，前面這幾頁的頁碼被換成了笑臉？

我先前針對讀者進行的測試結果顯示，有發現和沒發現的人大約是一半一半。如果你確實有注意到這件事，我懷疑重複出現的笑臉已經讓你有點失去興趣了。第一次看到時，你會想：搞什麼東西？那是表情符號嗎？第二次看到，則會覺得：喔，還有一個；第四次看到時，笑臉已經從你的意識中消失了。這就是慣性，我們會漸漸習慣不停出現的刺激，就像當你走進某個空間後，會立即注意到冷氣運轉的轟隆聲，但過了五分鐘，這種低頻噪音就會成爲常態的一部分。

關於變成「常態」，不妨從治療恐懼症的方向來思考慣性。例如，害怕針的人可能會被要求觀看有針的影像，或是拿起針，只要次數夠多，這些不理性的恐懼終究會消退。如此一來，針就會去汙名化、正常化；而在針灸的情境下，這樣的正常化還可以帶來益處。然而慣性是一把雙面刃：請想像一下，**萬一正常化的是貪腐或虐待時，會發生什麼事**。

在一九六〇和七〇年代，職場性騷擾被視爲正常現象，程度嚴重到整個社會都鼓勵女性坦然接受這種行爲。長年擔任時尚雜誌《柯夢波丹》主編的海倫．格里．布朗曾在她的著作《性與辦公室》（*Sex and the Office*，暫譯，一九六四年出版）中寫道：

已婚男性大多喜歡有吸引力又懂得附和的女性圍繞在身邊，而他可能會，也可能不會把這些女性當做性對象（我絕不會說這是錯的）。或許他並不是要把妳納入他的收藏，只是想確認妳對待男性的基本態度。如果有哪個一板一眼的小女生認為毒藥比罪惡更可取，就算這不是她的錯，也可能會破壞男性工作上的樂趣。有位魅力十足並擔任紡織業主管的小女生曾說：「我寧願男人對我大獻殷勤，也不要他把我的工作批評得一無是處。」

這可是一字不漏地引用，她簡直就像患有性方面的斯德哥爾摩症候群。

全國辦公管理協會在一九六〇年的研究發現，接受問卷調查的兩千家企業中，有三成同意內部在僱用接待人員、接線生和祕書時會「慎重考慮」性吸引力。

「性騷擾」一詞是由記者琳．弗雷在一九七五年提出的，她在康乃爾大學所教授的課程就是以女性和職場為主題。弗雷會邀請女學生參加「喚起意識」課程，並詢問她們在工作場合的相關經驗。「這些孩子，每一位都曾有因為拒絕上司的性提議，被迫辭職或遭到開除的經驗。」二〇一七年，她在接受廣播節目《對媒體》（*On the Media*）主持人布魯克．格拉斯通的訪問時，如此表示。

弗雷苦苦尋思，企圖找到一個詞彙，一個可以精準描述出這些共同經驗的標籤，最後她選擇了「性騷擾」。後來她在《紐約時報》寫道：

> 職業女性立刻開始運用這個詞語，因為終於有種說法能準確描述她們每天所面對的性脅迫。女性再也不必向朋友家人解釋：「他一直勾搭我，還不接受我的拒絕，所以我只好辭職。」現在這種惡行有正式名稱了。

先前曾討論到慣性如何透過「把問題正常化」來治療恐懼症，至於琳．弗雷運用「性騷擾」一詞所採取的行動則恰好相反：她想將「看似正常的現象」問題化，也就是把女性遭遇的脅迫重新歸類為不正常的現象——把汙名標籤貼在這種行為上。弗雷透過為問題命名的方式，幫助整個社會擺脫對問題的盲目。

無法決定自己要如何生產的孕婦

對問題盲目不僅是科學現象，也是政治現象。所有人都必須參與這場持續不斷的協商，討論我們該把生活中和世界上的哪些事物認定為「問題」。這些討論之所以至關重要，是因為任何事物一旦被貼上「問題」的標籤，就需要解決方案，這意味著「解決」是一種義務。

有時協商的對象是自己，例如酗酒者會否認自己有「問題」；有時協商對象是身邊親近的人，例如討論婚姻是否該結束或一起去諮商。社會上充斥著各式各樣的問題，全都在爭取更多資源和關注。

有時我們會說服自己去處理錯誤的問題。一八九四年，每天有超過六萬匹馬載著人們往返倫敦各地，當時《泰晤士報》就預測：「五十年內，倫敦每一條街都會被埋在三公尺深的馬糞底下。」姑且不論這奇怪的夢魘在邏輯上究竟有沒有可能發生（三公尺的馬糞究竟是怎麼堆上去的？），但這股恐懼其實並非完全沒有道理：畢竟這六萬匹馬平均每天「輸出」七到十六公斤的糞便。一八九八年，紐約市舉辦了首次國際都市計畫會議，而馬糞危機也成了研討會的主要議題。所幸正如我們都知道的，此一危機從未發生，因爲在汽車問世後，這項問題便逐漸緩解（結果汽車的排泄物——二氧化碳和懸浮微粒反倒成了現代的大問題）。

爲了探究當今「對問題盲目」之戰的實際情況，也就是以喚醒並動員大衆對抗特定問題爲目標，我們要追蹤的是巴西社運人士黛博拉．德拉若的行動。她的覺醒始自生下女兒的那一刻。

二〇〇三年八月，德拉若懷孕三十七週，她來到聖保羅州聖安德烈市的婦產科進行例行產檢。德拉若抵達後，醫師表示她就快生了——由於宮縮太輕微，以致她並未多加留意。醫師開給她一劑催產素，這種藥物可以促進子宮收縮並催生。十二小時後，醫師決定爲她剖腹，蘇菲亞就這樣誕生了，母女兩人都很健康，恢復也很良好。

德拉若對母女均安心懷感激，但當她回想起這段經驗時，卻越來越不安。爲什麼必須加快產程？爲什麼醫師看起來一副很想幫她剖腹的樣子？

德拉若在網路上找到媽媽們分享生產經驗的論壇，結果發現許多人都有和她有類似的經驗：雖然她們都想自然產，最後卻接受了剖腹手術。事實上，許多母親表示，她們的醫師並不鼓勵自然產。「我這才發現，發生在我身上的事也發生在全國各地的女性身上，幾乎每位女性都是如此。」她說道。

德拉若隨即發現足以證明這項直覺的統計。全球各國的剖腹產率不太一樣：以二〇一六年的活產數來看，瑞典是一八%、西班牙是二五%、加拿大是二六%、德國是三〇%，美國則是三二%。但是在巴西，二〇一四年的剖腹產率高達五七%，是全球剖腹率最高的國家之一。更驚人的是，巴西富人偏好使用的私人醫療體系中，有八四%的小孩都是透過剖腹產所生。

當然，剖腹產是大型手術，對孕婦和胎兒都有風險。在特定情況下剖腹，也許能拯救生命，但是當剖腹產率高達八四%，執行這種手術的原因很顯然不是爲了降低風險，而是降低不便性。是什麼原因導致自然產不再是優先選項？這個議題不僅在巴西，也在世界各地引起諸多討論。對部分女性而言，剖腹產是出於偏好的選擇，因爲可以事先做好計畫。有些人的論點則是，在巴西私人醫療體系內接受剖腹手術是地位的象徵，甚至有傳言指出，巴西頂級私人診所的剖腹手術還附贈美甲和按摩服務。

不過較可信的說法應該是**醫師**偏好選擇剖腹手術，畢竟可以按順序排程，一個接一個執行，沒有必要加班到半夜，或是連週末和假日都要上班。另外，財務方面的動機更使得醫師偏好剖腹手術：婦產科醫師可透過執行剖腹手術賺取更多收入，而且手術時間只需要一到兩小時。相較之下，自然產不僅收費較低，還可能需要工作超過二十四小時。

除了這些制度上的原因，還有一些文化上的因素。「生產是原始、醜陋、汙穢、不方便的過程。」聖保羅大學公共衛生教授西蒙・迪尼茲在接受《大西洋》（***Atlantic***）雜誌訪問時，曾如此評論醫師對自然生產的觀點。他指出：「有一種觀念是『分娩的經歷應令人感到羞恥』，有些醫師會對分娩中的女性說：『妳做（愛）的時候都沒抱怨，結果現在跑來這裡哭哭啼啼的。』」

這種言語暴力聽起來像是極端的例子，但對巴西女性而言，卻是再常見不過。在一項由一六二六位（在巴西）生過孩子的女性所參與的調查中，有四分之一表示醫師曾取笑她們，或在她們因疼痛而哭泣時予以批評；還有超過一半的女性坦言，在生產過程中，她們覺得自己「低人一等、脆弱或不安全」。

一開始，黛博拉・德拉若只是對自己所接受的剖腹手術有疑慮，但研究巴西的生產現況後，她發現現實就是如此，而線上論壇裡眾多母親的共同經驗，更讓她堅信改革的必要。德拉若加入名爲「原樣生產」（Parto do Princípio）的新組織，創立宗旨是爲母親的權益發聲。

二〇一六年，「原樣生產」向巴西聯邦檢察官提交一份三十五頁的文件：一半是研究論文，一半是宣言，控訴巴西的生產現況出現嚴重問題。這份研究顯示，大量女性陳述自己當初希望能自然生產，卻無法如願，反而被迫接受剖腹手術，導致母嬰健康受到影響。這份論文也針對問題的系統性成因進行解析，同時對醫療體系提出一系列建議。

改善的動力源於不滿

「原樣生產」成功改變了政府內部人員的立場，包括婦產科護理師和孕婦健康專家賈桂琳・托雷斯，她所屬的國家健康保險局正是巴西私人醫療保險的主管機關。托雷斯在全國各地尋找轉爲支持自然生產的人士，最後終於遇見保羅・柏雷姆博士。

當時柏雷姆在距離聖保羅北方三百多公里的雅博蒂卡巴爾執行試驗性計畫，目標是透過持續改善提升自然產率。要找到這個計畫的合作對象並不容易。起初，柏雷姆四處介紹自己的理念。他說：「其他人都在嘲笑我。他們說：『這太荒謬了，孕婦本來就想剖腹產，醫師也想做剖腹手術，根本就沒有問題。』」這簡直就是對問題盲目的完美示範。

後來柏雷姆找到一家對改變持開放態度的地區醫院：「那裡的醫師對我說，他們想要改變。這些醫師認爲，有太多新生兒被送進新生兒加護病房（NICU），這讓他們很不安。」剖腹產的嬰兒往往因爲早產之故，導致呼吸系統出問題而需要住進NICU。

柏雷姆博士開始執行計畫時，該院的自然產率只有三%，「整個制度就是爲了執行剖腹產而設計的。」他如此形容。於是他與合作對象開始調整制度，首先是禁止醫師在孕婦懷孕滿四十週前排定非必要的剖腹手術（一般規定是三十七週）。此外，醫師必須落實輪班制；如果嬰兒在產檢醫師當班時出生，就由該醫師處理，否則便由其他當班醫師接手（傳統上，產檢和接生的醫師必須是同一位，使得醫師更容易選用剖腹手術）。但每位孕婦都會搭配固定的婦產科護理師，以便在生產過程中持續提供協助。還調整了獎勵制度，以確保醫師的收入不會因此縮減。

九個月後，該院的自然產率飆升至四成。

當健保局的托雷斯發現柏雷姆的研究後，她知道自己找到了或許能通用全國的公式。二〇一五年，健保局推出大型專案「適切生產專案」（Project Parto Adequado），進一步拓展柏雷姆博士與合作團隊的努力成果。在專案開始的最初十八個月，共有三十五家醫院參與，自然產比例從二〇%上升至三七．五%，其中十二家醫院的NICU住院率大幅降低。簡單來說，這些醫院避免了至少一萬次不必要的剖腹手術。專案的下一個階段從二〇一七年開始，這次共有超過第一階段三倍的醫院參與。佩德羅・德爾加多是專案合作組織「醫療照護改善研究機構」的領導人，他表示：「第一階段的成果讓我們看到巴西未來的希望，而且對全球其他剖腹產率與巴西相近的國家，例如埃及、多明尼加共和國和土耳其，這樣的成果也同樣有重大的意義。」

眼前的路還很長，畢竟目前的專案只涵蓋了巴西六千多家醫院的一小部分。話雖如此，有跡象顯示，醫療體系已準備好迎來變革。起初，柏雷姆的理念遭到嘲笑，現在卻有一整串醫院在排隊，準備好參與專案。在「適切生產專案」中擔任醫院協調窗口的婦產科醫師麗塔・桑切斯博士表示，這項計畫引起了她的共鳴：「我們停下來思考後發現，剖腹手術的次數真的太多。比二、三十年前多了很多。所以我們開始質疑，事情是怎麼和爲什麼走到這個地步的。我也意識到，自己根本沒有告知患者剖腹的風險和產道生產的好處。我們這些醫師，完全沒有發現體制在改變。」

脫離對問題盲目的第一步，始於你震驚地意識到，自己竟然對不正常的現象習以爲常。**等等，爲什麼我覺得自己被迫接受剖腹手術？等等，爲什麼我們接受高中畢業率就是五二％？改善的動力源於不滿。**

下一步則是尋找社群：其他人是否也有相同的感受？例如德拉若：**我意識到發生在自己身上的事，也發生在全國各地的女性身上。**例如弗雷對「性騷擾」一詞的觀察：**職業女性立**

刻開始運用這個詞語，因爲終於有種說法能準確描述她們每天面對的性脅迫。一旦凝聚「眼前的現象是個問題，而且我們都這麼認爲」的認同感，力量就會隨之而來。

接下來的發展通常都會很驚人：有人開始自願承擔解決問題的責任，儘管這些問題並不是因他們而起。一位記者選擇爲數百萬名忍受性騷擾的女性挺身而出；一位被迫剖腹產的女性，成爲其他數千名素未謀面的母親心中的英雄。

在上游的倡議人士會如此判斷：**雖然我不是製造出這個問題的元凶，但我要成爲解決問題的人**。關於轉移議題責任及後續可能引發的效應，則是我們接下來要探討的內容。

第2章
缺乏負責人

在一九九四年前，工業用地毯公司英特飛（Interface）創辦人雷・安德森的人生可以說是所有創業家的夢想。他白手起家，一步步打造出年收益約八億美元的大型企業，然而就在公司上市後，某個關鍵時刻讓他開始打從心底懷疑自己的成就。

安德森出身喬治亞州的一座小鎮，他以足球獎學金身分進入喬治亞理工學院就讀，並在職涯早期便進入地毯產業。一九六九年，安德森在英國的基德明斯特第一次見識到方塊地毯（modular carpet tiles），從此對這種產品鍾情不已。

傳統的寬幅地毯十分厚重、收納成捲筒狀，寬度可達到三・五公尺以上。這表示辦公室如果要進行任何改裝——例如重新配置家具或替換髒汙的區域，都必須整塊拆除並進行大面積更換。相對的，邊長四十五公分的正方形模組地毯能讓改裝變得容易許多，它們可以輕鬆移除、重新組裝，甚至不需要用到黏膠。

一九七三年，三十八歲的安德森創立英特飛，大舉將模組式的方塊地毯引進美國市場；到了一九九四年，經過二十年的飛躍成長，英特飛已經成爲全球最大的地毯公司。同年，安德森受邀在內部小組發表談話，該團隊的目標是定義公司對「環境永續」的立場，而這在當時仍是相當新穎的詞彙。客戶漸漸開始想了解這項議題，不過安德森不太確定自己該談什麼內容，畢竟當時他的環保願景最多就是遵守法律。

收到邀請後不久，安德森偶然收到一本保羅．霍肯的著作《商業生態學》，霍肯在書中大力抨擊企業領導人破壞環境的所作所爲。霍肯本人也曾是零售園藝連鎖店——史密斯與霍肯園藝工具郵購公司（Smith & Hawken）的共同創辦人，而他堅定地認爲，商界重要人士有義務扭轉現況，避免環境因全球經濟發展而瀕臨人爲崩壞。

其他企業領導人也許會對這樣的觀點嗤之以鼻，安德森卻落淚了。

當時安德森已經六十歲，退休之日近在眼前。英特飛的成功是他職涯中最了不起的成就，但現在他懷疑自己的成就是不是付出了太多代價。他設想自己可能會在人世間留下的印象：**雷．安德森，透過掠奪地球資源好讓自己和投資人致富的男人**。「霍肯的想法就像刺進我胸口裡拔不出來的矛。」安德森在回憶錄中如此描述。

然而，回到現實面，他究竟能做什麼？英特飛的核心業務是銷售方塊地毯，原料是尼龍紗，而尼龍是以煤礦或石油中的化學物質製成。簡而言之，英特飛燃燒石化燃料來製造石化產品，對永續發展無疑是雙重打擊。

安德森感到無比絕望。當你發現嚴重問題的起因就是自己的行爲時，該怎麼辦？

挪一下椅子吧

在一場教職員會議中，耶魯法學院副教授珍妮・福瑞斯坐在後排，前排有個大塊頭男子擋住了她看向講者的視線。

「大塊頭其實是很友善的那種人。」她說，「就是那種會先把身體往一邊靠，然後又刻意換另一邊靠的人。這眞的快把我逼瘋了，我必須一直往相反方向偏：他往左，我就往右；他往右，我就往左。我可以感覺到自己的怒火上升……但我突然發現，自己根本可以移動椅子，不必再繼續覺得惱怒，所以我就這麼做了。」問題解決。

讓福瑞斯感到沮喪的是，自己居然花了這麼長時間才察覺到顯而易見的事實：自己其實對「問題」徹底握有掌控權。移動椅子的記憶後來成爲她心中的指引象徵，「每次我因爲某種無聊的問題生氣，我就會想著：『嘿，挪一下椅子吧，如何？』這就像是我用來告訴自己嘗試新方法的暗語。」她如此形容。

一開始，福瑞斯以爲問題（大塊頭男子擋住講者）是自己無法控制的現象，是外在的。不過在一瞬間轉念後，她決定負起面對現況的責任。挪一下椅子吧，如何？這樣的心態轉變正好呼應了預防行動的過程。

上游行動弔詭的部分在於，儘管回報豐厚，卻通常是**選擇性**的行動。救援、應對和反應等下游行動是必須採取的作爲，就像醫師不能選擇不做心臟手術；托兒中心的保母不能選擇不換尿布。但相對的，上游行動是一種選擇，而不是強制要求。

上述現象將導致必然的結果：如果沒有人選擇採取行動，深層的問題就無法解決。換言之，缺乏負責人，就是迫使我們只能停留在下游的第二大阻力。第一大阻力「對問題盲目」的狀態是：**我沒看到問題**（或**這個問題無法避免**），但缺乏負責人的狀態，卻是有能力解決問題的人表示：**解決問題不是我的責任**。

這兩大阻力通常會一併出現。請回想一下芝加哥公立學校系統的領導階層。起初，改善畢業率計畫最大的阻力是對問題盲目：**沒錯，有很多學生休學，但現實就是這樣**。此外，在部分教師和行政人員的觀念裡，即便畢業率不佳是一大問題，卻也不是他們的責任，而是學生、家長或社會該解決的。

就某方面來說，那些持懷疑態度的人是對的！輟學最大的受害者當然是學生本人和家長。但眞正的問題並不在於「誰是最大的受害者」，而是**「誰所在的位置最適合解決這個問**

題」，以及**「是否願意挺身而出」**。學區的領導階層認爲畢業率是他們的問題，於是承擔了這分責任。

那麼，爲什麼有些問題會缺乏「負責人」？有時自身利益就是元凶：最能有效避免數百萬人因菸品而死亡的組織，正是菸草公司，但這麼做顯然會影響到公司營利。至於某些時候，缺乏負責人的原因則沒那麼邪惡，只是精細分工的結果：請回想一下智遊網的案例，有不少團隊都負責處理與客服電話相關的問題，卻沒有一個專屬團隊負責處理減少來電數量。

還有一些情況，人之所以抗拒針對眼前的問題採取行動，是因爲覺得自己的身分不太適合。舉例來說，男大學生也許會對校園裡的約會強暴事件感到震驚，但同時也會懷疑自己是否適合加入由女性主導的示威活動。史丹佛的研究人員戴爾．米勒、丹尼爾．艾弗隆和索妮雅．札克在一份研究這種猶豫心態的論文中寫道：「通常民衆不願參與示威活動，不是因爲缺乏示威動機，而是覺得自己缺乏採取這種行動的正當性。」

他們把這種對正當性的判斷稱爲「心理資格」，源於「法律資格」這個概念。你不能因某件事冒犯到自己的情感，就在司法體系中提起訴訟，而是必須證明此事確實影響到你；至於足以證明你受到傷害的證據，將賦予你提出訴訟的資格。男學生覺得自己缺乏心理資格，所以無法下定決心加入反對約會強暴的示威，是由於他本人並沒有因這個問題受到影響。

假設主導這場示威的女學生希望能獲得更多男性支持，那麼該如何將心理資格延伸到男學生身上？答案也許意外簡單。戴爾．米勒和蕾貝卡．瑞納設計了一份研究：普林斯頓大學的學生會看到一份「一七四號提案」，內容經過刻意設計，要「挑戰學生的正義感」。其訴求是重新分配政府經費，從有價值的目標轉移到沒有價值的目標。有些學生被告知，提案通過後對女性尤其不利；另一些學生則被告知這份提案對男性較不利。

結果不論男女學生，都對提案表示強烈反對。但研究人員好奇的是，他們的想法是否會引發行動？於是研究人員讓學生有機會協助名為「普林斯頓反一七四號提案陣線」的團體。當學生的既得利益會因為提案結果受到影響時（也就是當男學生獲知男性權益會因此受損，而女學生獲知女性權益會因此受損），有高達九四％的受試者都同意簽署反對提案的請願書，還有五〇％同意撰寫反對宣言。但是當學生的既得利益並未受到影響時，兩項數字則分別下降至七八％和二二％。研究人員認為，數字大幅下降的原因並不是自私（別忘了，不論性別，學生都同樣反對這項提案）而是缺乏心理資格，男性覺得自己不太適合為了「女性的目標」而抗爭，反之亦然。

為了驗證這樣的直覺判斷，研究人員將組織名稱改為「普林斯頓男性與女性反一七四提案陣線」。加入「男性與女性」這樣的字眼，是一種將心理資格同時延伸到兩種性別的簡單做法，而且相當有效。最後結果顯示，不論既得利益有沒有受到影響，同意簽署請願書並撰寫聲明的學生人數都相同。

誰該承擔解決問題的責任？

不可否認的是，這個案例的研究對象可是普林斯頓大學，在這個學術綠洲裡，學生當然不乏時間可簽署假想的請願書和表達反對意見。假如步出學術圈，這種延伸心理資格的觀念一樣適用嗎？

一九七五年（早在心理資格一詞出現前），汽車安全倡議人士安妮瑪麗．謝納斯和小兒科醫師西摩爾．查爾斯就曾在期刊《小兒科》（*Pediatrics*）發表文章，目的是呼籲小兒科醫師承擔「嬰幼兒車禍死傷」這個問題的責任，因為這些醫師一直沒發現，這個問題需要由他們來解決。幼兒（比新生兒再大一些的孩子）殺手中，排名第一的就是汽車，但這種普遍現象卻長期遭到忽略。兩位作者指出，比起在車外，更多年幼孩子在車內死亡和受傷。

在這篇文章發表於《小兒科》的年代，所有新車依規定都必須在駕駛座和副駕駛座加裝安全帶，然而絕大多數的民眾並沒有使用它的習慣；此外，市面上雖有販售兒童汽車座椅，但使用率也不高。必須一提的是，兒童汽車座椅早在一九三〇年代就已問世，但早期的兒童座椅並不是為了提升安全性所設計，而是要墊高兒童的座位高度，好讓他們可以看到窗外，並希望小孩因此不會去打擾駕駛。這對現代家長來說可能難以理解，在當今世界也是根本無法想像的：如果有家長載著好幾個未安全固定的幼兒，任由他們在後座滾來滾去的，社會和法律會給予什麼樣的制裁？不過在一九七〇年代，這種景象相當常見。我們現在對於車內兒童安全的堅持，其實是相對新興的現象。最大的原因即出自接下來要說的故事。

謝納斯和查爾斯堅定地認爲，小兒科醫師是最適合倡議汽車安全的一群人，他們寫道：「防制措施和免疫一樣，是預防醫學的一部分……沒人比孩子的醫師更有立場警告家長，讓孩子『在鬆綁狀態下』搭車有多危險。」值得一提的是，這段文字顯示作者試圖將心理資格延伸到小兒科醫師身上：你們是最適合領導行動的一群人，你們必須承擔責任。

但這個角色對於小兒科醫師來說一點也不簡單明瞭，他們所受的訓練是診斷和治療疾病，不是爲了大眾安全進行遊說。話雖如此，承擔責任的呼籲卻發揮了不錯的效果，鮑伯·桑德斯博士就是回應呼籲的其中一位醫師。他在二〇一四年的口述紀錄中表示：「那篇文章眞的太精采了，我想全國其他的小兒科醫師應該也這麼認爲。」

桑德斯不僅是小兒科醫師，同時還身兼田納西州默弗里斯伯勒郡公共衛生部部長一職。他對預防措施抱持極大興趣。還在念醫學院時，他就曾負責施打田納西州最早施用的一批小兒麻痺疫苗；在急診室擔任住院醫師時，桑德斯曾親眼看到小嬰兒因爲吞下打開的別針而死亡，內心受到嚴重衝擊，因爲這是完全沒有必要發生、可以避免的死亡。「預防和照護的理念是他人生中最最重要的目標之一。」桑德斯的妻子佩蒂曾在二〇一八年時如此表示。

桑德斯後來加入州政府級的安全委員會，接著在一九七五年，委員會成員開始討論，要立法規定在田納西州內必須使用兒童汽車安全座椅。而《小兒科》那篇文章的公開，更促使委員會加快立法腳步。

委員會所起草的條文規定，四歲以下兒童必須使用兒童汽車安全座椅。一九七六年，法案雖有推動者，卻從未成功進入表決程序。歷經這場失敗後，鮑伯和佩蒂．桑德斯夫妻決定將遊說行動升級。他們把家裡的餐廳當成戰情室，桌上擺滿他們打算連絡的議員和小兒科醫師名單。每到週末，鮑伯就會打電話到他們所在的選區，試圖說服對方支持自己的理念。

反對桑德斯提案的一方認爲，這等於是在侵犯家長的自由。衆議員羅斯科．皮克林表示：「這就是拉爾夫．納德②會提出的那種法案，目的就是要剝奪父母的權利。我不希望窮人還必須買這些昂貴的座椅。」

回想起當時，佩蒂記得有次讀到家長寫信來抱怨：「我有權利用火箭把自己的小孩送到月球。」

一九七七年，經過激烈的遊說行動，《兒童乘客保護法案》終於進入立法機構的表決程序，並以大約三分之二的支持率通過。有個巧妙的策略值得一提：鮑伯提到，當時謠傳州長可能不會簽署法案，於是他打電話連絡州長孫子的小兒科醫師，一再拜託他支持這項提案。

一九七八年一月一日，田納西州成爲美國第一個規定四歲以下兒童必須使用兒童汽車安全椅的州。

不幸的是，這項法案有漏洞。提倡保障家長權益的衆議員皮克林在法案中附加了「手抱嬰兒」修正條款，也就是允許家長在行車過程中抱著嬰兒。一九七八年，皮克林在《田納西人日報》（*Tennessean*）的文章中寫道：「年輕媽媽最大的恐懼，就是要帶著新生兒從家裡坐車前往醫院。現在到底爲什麼要把嬰兒用安全帶固定起來？」

由於皮克林加上了修正條款，桑德斯知道自己並不算大獲全勝。基本上，這條法律能確保幼童的安全，但嬰兒卻可以是例外。於是桑德斯開始把這項條款稱爲「兒童車禍」修正條款。法案通過後的幾年間，桑德斯繼續爲了推翻修正條款而努力，只是反對派絲毫不讓步。接著，一九八一年，在一場交通委員會聽證會中，有兩名家長出席作證。其中一位母親有個十一週大的嬰兒，她的孩子因爲坐在兒童汽車安全座椅上，而在車禍中倖存；另一位則是父親，他的孩子才滿月，就在沒有任何安全防護的情況下，死於一場高速衝撞的車禍中。「我們就是運氣不好，又沒有安全座椅的那種人。」這位父親表示。桑德斯進一步發現，一九八〇年時，有十一名三歲以下兒童死於車禍，其中有九名事發時被抱在父母懷裡。

這項證據讓大衆對修正條款的態度開始轉變。一九八一年，修正條款遭到廢止。同年，

---

2 Ralph Nader，美國律師及政治人物，關注消費者保護、人權、環境等議題。

西維吉尼亞州成爲全美第三個規定幼兒必須使用兒童汽車安全座椅的州。到了一九八五年，全美五十州都通過了相關法令。

根據美國國家公路交通安全管理局統計，自一九七五年至二〇一六年，兒童汽車安全座椅拯救了一一二七四名四歲以下幼兒的性命。想想這一連串的影響：兩位汽車安全專家在《小兒科》期刊上發表了一篇指出問題的文章，這篇文章激勵了田納西的小兒科醫師承擔處理問題的責任，接著他推動整個州採取行動，而這一州影響了其他四十九個州……四十年後，數以萬計的孩子原本有可能遇上可怕但可預防的死亡威脅，現在卻能因此活下來。

地毯製造商的「童話故事」

如同《小兒科》的文章促使桑德斯採取行動，保羅．霍肯的著作讓方塊地毯公司英特飛的雷．安德森受到莫大衝擊。「讀完後，我覺得這本書改變了我的一生。」安德森在回憶錄中寫道：「這本書讓我突然醒悟……我還沒讀完半本，就發現了自己一直在尋找的願景；不只是爲了那場演說，也爲了我的公司，**而且**還強烈感受到自己必須趕緊採取行動。」

和桑德斯相比，安德森的處境有一大劣勢：他不只是單純發現應該採取行動解決的問題——霍肯所譴責的環境問題之所以**惡化**，就是因爲自己的公司；而且當時的他完全不知道該怎麼彌補已經造成的傷害。不過安德森也有桑德斯所沒有的優勢：有辦法快速促成改變，因爲他就是老闆。

一九九四年，安德森向公司內部小組發表有關永續發展的演說時，大家完全不曉得接下來會發生什麼事：還以爲自己會聽到老套的演講，結果卻收到了全面動員的通知。

安德森提出了相當激進的想法：消除英特飛對地球造成的負面傷害。**我們對環境做出了各種破壞，但現在，我們要避免這些事發生；而在追求這項目標的同時，我們還是要出色地經營地毯事業**。安德森表示：「說實話，我對該小組的演講除了讓自己很驚訝，也讓他們大吃了一驚，同時，所有人也都因此提起精神採取行動。除非有人出來當領頭羊，否則沒人會去做。這個事實非常顯而易見，所以我心想：『爲什麼不由我們來做？』」

時任公司財務長的丹尼爾．亨德里克斯對《紐約時報》表示。「我必須承認，他第一次提出這個想法的時候，我還以爲他瘋了。」當時英特飛仍努力從過去三年對公司造成重大打擊的經濟衰退中復原，英特飛在財務上眞的夠健全，足以接下成功機率不明的新任務嗎？

但安德森毫不留情。他要求公司在短期內專注於減少使用能源和消耗資源。公司內部採用的口號是：減量、重複使用、回收再利用。有些早期成果以驚人的速度顯現：英特飛的其中一個部門光是爲布料工廠的鍋爐加裝新型控制電腦，便大幅降低了一氧化碳排放量，從每週排放兩噸減少到每年僅排放幾百克。

這些成果逐漸累積，自一九九五年到一九九六年，英特飛的收益從八億美元提升至十億美元，但消耗的原物料數量卻完全沒有增加。這項改革正在發揮作用，安德森接受商業雜誌《高速企業》（*Fast Company*）採訪時說道：「世界看到的，只是永續經營事業帶來的第一筆兩億美元。」

一九九七年，在一場即將成為企業界傳說的會議中，安德森透過演說公開了最終發展成「歸零任務」的計畫：在二〇二〇年達到零環境足跡的目標。

歸零。

這就是英特飛決定「挪動椅子」的關鍵時刻：**我們必須負起責任解決這個問題**。安德森針對「歸零任務」擬定了七階段計畫：停止浪費、排放物不造成環境負荷、以可再生能源營運、採用高資源效率的運輸方式、完成循環（回收公司生產到市面的所有產品，重組後再投入生產）、提升相關人士的意識（向其他人解釋永續發展的重要性，讓他們也開始重視這項目標），以及重塑商業活動（專注於提供價值而非物質）。

安德森鼓勵公司團隊以新的方式思考。其中一個例子是，當客戶購買新的地毯後，多半會丟棄舊地毯，那麼英特飛有沒有辦法回收舊地毯並再製成新產品呢？這個新穎的想法至少有兩大缺陷。第一：當時沒有人知道有任何技術能做到地毯回收再利用；第二：把回收來的地毯送到位於喬治亞州的總公司，很可能會和「歸零任務」的另一項原則產生衝突，也就是

「採用高資源效率的運輸方式」。原因在於，客戶移除並準備丟棄的地毯尺寸大多爲三百至四百平方公尺；如果要進行回收，就必須用卡車將地毯運送到英特飛位於喬治亞州的廠房。但一輛貨車可以容納三千平方公尺的地毯，因此只運送一張三百平方公尺的地毯，是極度沒效率的做法。

由於阻礙重重，其他的製造商或許早就放棄回收地毯的想法，但英特飛的團隊深知安德森就是希望他們找出解決辦法。針對運送地毯的問題，英特飛團隊將全國各地可存放大量地毯的合作夥伴組成連絡網，累積到一輛貨車的載運量後，再一次送往總公司。同時，英特飛團隊也在全球各地展開搜尋，希望找到回收地毯的技術。最後他們從德國進口昂貴的襯料機，可以將舊的方塊地毯分解成乙烯基碎片，再重新熔解後，就能製成新的地毯襯料。舊地毯搖身一變成爲新地毯，英特飛成功地完成循環。

安德森「拯救世界」的新使命讓員工更加投入工作（他們總是能找到方法克服每一個障礙）。就連一開始持懷疑態度的財務長丹尼爾．亨德里克斯也改變了想法：「我們的公司文化就此轉變成鼓勵夢想和行動。」

突然間，人人都想在無聊的地毯製造商工作。二〇〇〇年，大衛．格森聽說英特飛的永續經營計畫後，便向公司毛遂自薦。身爲土生土長的紐約人，他坦言：「如果你說我將來會爲喬治亞州的地毯公司工作，我一定會大笑出聲，而且還會覺得有點被冒犯。」進入英特飛後，格森的收穫也讓他自己備感驚訝：「這裡提供了完美的管道，讓我可以參與規模遠大於自己所能做到的計畫。」

到了二〇〇七年，英特飛已漸漸實現安德森所規畫的願景，即便銷售量成長了四九％，石化燃料的用量卻降低了四五％；而相較於過去，英特飛的用水量僅剩三分之一，垃圾掩埋場的使用量也下降八成，而安德森對英特飛的評價是「已達成終極目標的一半」。其實並沒有人要求英特飛實現永續發展的理念，這是該企業的自我要求，他們承擔了環境衝擊問題的責任，且成績斐然。

四年後的二〇一一年，安德森去世，享年七十七歲。葬禮上，啓發安德森推動改革的作家保羅・霍肯對他表示盛讚，並以「極爲值得信任」的說法來形容安德森：「他也是一位很有勇氣的人物，一次又一次站在大衆面前，告訴衆人他們所知道、學到和正在做的一切，都是在破壞地球。他所說的每個字都是眞心的，而這些訊息就這樣深植在數十萬聆聽他演說的群衆心中和腦海……」

不是因爲必須，而是因爲有能力

我們該如何解讀英特飛的故事？有些部分看起來實在很像童話故事：二〇一二年，英特飛協助執行一項專案，只要漁夫從大海取回遭丟棄的漁網、交給回收人員後，就可以獲得報酬——廢棄漁網會汙染海水，並對野生動物造成危害。接著，這些漁網會被送往位於斯洛維尼亞的廠房，重製成尼龍纖維後，再織入英特飛的方塊地毯。這些地毯會安裝在美國某處的辦公室，而且很可能正好有員工走在上頭、準備要去倒咖啡，卻完全不知道腳下地毯的供應鏈能有效讓大海變得更乾淨。這簡直就是魔法。

另一方面，從商業組織的角度來看，英特飛對股東而言稱不上表現亮眼。如果你從一九九四年初開始把錢投資在英特飛（也就是雷·安德森醒悟的那一年），一直到二〇一八年底，你的年報酬率會是三·六%，但市場的整體報酬率則是九·〇六%。原因可能是英特飛的環保計畫直接犧牲了股東的收益，但也有可能是以永續經營爲核心的產品創新與品牌塑造，已讓公司績效有所提升。儘管很難判斷事實如何，但可以持平地說，這並不是所有人都幸福快樂的童話故事。

英特飛的故事所帶給我們的啓示，或許並非努力預防問題必能獲得回報，或是做好事一定會被獎勵——這兩項都不是事實，而是**人人都應該停止自滿**。請想想：我們明明有辦法改變，卻讓它維持現狀的危害是什麼？

如果當初英特飛認爲，地毯製造商永遠都就是個汙染製造者，那麼全公司上下都可以輕鬆過日子；在田納西州，桑德斯博士原本可以繼續享受成功的小兒科醫師生涯，自認影響力有限，所以永不參與政治。

他們對自己的提問並不是：「難道沒人能解決這個問題嗎？」而是：「**我們**可以解決這個問題嗎？」他們自願承擔解決問題的責任。不過值得注意的是，雷・安德森和鮑伯・桑德斯並不是一開始就意識到自己應該承擔重任，而是受到激勵和挑戰後才採取行動。我們有沒有可能在無意間放任自己能協助解決的問題繼續發生？我們又該如何察覺問題？

我們可以從珍妮・福瑞斯，也就是那位「挪動椅子」的女性身上學到一點。在進入耶魯大學前，她是執業心理師和高階主管教練，解讀人類動機的訓練對她擔任主管職也有很大的幫助。例如在二〇一九年二月，她成功排解兩位女性員工的紛爭：丹恩投訴愛倫長期陷害並輕視她。

福瑞斯把兩人請來她的辦公室。根據她對那場會晤的記憶，她首先表明：「我必須為這件事負責，而且我想讓妳們知道為什麼我該負責。我聽到風聲說妳倆處得不好，我也從妳們的上司那邊聽說有問題發生。結果妳們知道我做了什麼嗎？我沒把這件事放在心上。我心想：『她們會自己解決的。』我忽視了妳們的狀況，所以我很抱歉。」

接著福瑞斯說：「我希望妳們可以把自己當成世界上唯一要對現在這種狀況負責的人，然後告訴我事情的經過。」然而這兩位女性無法好好回應這項要求，還隨即開始互相指責。愛倫對丹恩說：「每次我試著給妳指示，妳都裝沒聽到，然後又問一大堆不必要的問題。」

這時，福瑞斯重新引導她：「不是這樣，這樣只是在責怪丹恩。請從妳必須爲這件事負責的角度，告訴我事情的經過。」

最後她們終於想通了，愛倫表示：「我以爲她的問題都是出於惡意。我原本以爲她應該要聽我的指令，而且完全不可以質疑。但我其實應該要好好解釋自己的期望。」

丹恩則表示：「我就這樣接受她的怒氣和白眼，而且沒有馬上反映。我應該直接說：『妳正在對我發脾氣，但我還是不清楚妳的要求是什麼，麻煩妳爲我說明一下。』」

在此澄清，這種「找到你該負責的部分」的方法有其極限。請想像一下，如果發生的狀況是上司性騷擾女性下屬，請女性員工「從必須爲這件事負責的角度講述事發經過」，根本就是毫無道理的做法，等於是在責怪受害者。這種方法的優勢在於，如果眼前的狀況很可能是由衆多因素導致的，這種思維便有助於找出可能的「行動槓桿」。

起初，三位女性（包括福瑞斯在內）處理這個情況的方式，都是自覺受困其中，不過當福瑞斯引導另外兩位從「自己必須爲這件事負責」的角度說明情況後，她們就發現了自己的力量，從自認爲是受害者的立場，轉變成自覺是解決方法的共同所有人。在那次調停會晤後六週，根據福瑞斯的說法，兩人「在愉快的氣氛下合作、達到高生產力的水準，感覺有點不可思議」。

追根究柢，這種做法其實和雷．安德森對員工的要求一樣：讓我們用「自己必須百分之百對環境傷害負責的角度」來訴說故事。當你開始用這種視角看待世界，就會看到可以發揮影響力的著力點：控制鍋爐的電腦系統、熔解舊地毯的技術、從大海中打撈出尼龍漁網的獎勵。你會開始看見原來始終擺在眼前的因果關係，只是過去一直被蒙蔽。

福瑞斯提出的問題能幫助我們過濾複雜情況中的雜訊：如果你把自己當成唯一要爲這段戀情負責的人，你會如何講述自己的感情問題？如果雇主把自己視爲唯一要爲員工健康負責的人，他會如何看待員工的健康問題？如果學區把自己視爲唯一要爲高中休學率負責的單位，它會如何解讀這件事呢？提出這些問題或許能幫助我們超越漠不關心和自滿的狀態，並看見其他的可能性：**我選擇解決這個問題，並不是因爲自己必須這麼做，而是我有能力這麼做，也因爲這個問題有解決的必要。**

第3章 隧道效應

約翰・湯普森目前處於半退休狀態，定居在加拿大安大略省的戈德里奇。他總是忘記每天要滴兩次治療青光眼的眼藥水，於是他決定把藥水放在廚房水槽上方的窗檯，這樣一來，每天早上泡咖啡時，一定會看到眼藥水。「而且我把眼藥水放在窗檯東側，這樣我就會知道是早上要滴的藥水。」湯普森解釋，「滴完眼藥水後，我會把藥水移在窗檯西側，一方面確認我早上有滴過眼藥水，也順便提醒自己晚上要再用一次。晚上滴完眼藥水後，我又會把藥水放回窗檯東側。」湯普森的窗檯系統就這樣解決了問題。

瑞奇・馬利沙是住在紐約州伊薩卡附近的應用程式設計師，他在私領域也體悟到類似的上游思維：「太太對我不關燈的習慣很不滿，尤其是出門或回家時忘了關走道燈。」這盞走道燈是婚姻摩擦的起因，也就是那種會造成雙方長年爭吵的瑣碎小事（「你又忘了把馬桶座放下來了！」）。

不過馬利沙知道自己可以從一開始就避免爭吵發生，方法就是提出離婚。

抱歉，我開玩笑的。他眞正採取的行動是：「我決定承擔這個問題的責任，然後加裝了計時器。按下開關後，燈會亮五分鐘，接著自動熄滅，從此以後再也沒有關燈的問題了。」

在我的研究中，蒐集了許多像這樣的案例故事：有人決定不再被動應付狀況，而是開始預防問題發生。我發現這些故事意外地具有啓發性，於是開始鉅細靡遺地分析自己的生活，試圖找出一再出現、但只要用點上游思維就能解決的惱人小事。

例如，我以前會花很多時間把筆記型電腦的電源線帶來帶去。儘管我有正式的辦公室和辦公桌，但是在咖啡店的工作效率似乎最好，所以我老是在拔掉電源線、收納、再把電源插頭插進其他地方。於是——請準備好大吃一驚——我買了第二條電源線，一條固定放在辦公桌上，另一條則固定放在後背包裡。

這些都是很容易達到的成就，只要意識到問題所在，再加上一點計畫就能完成。然而我在訪談過程中卻發現，大多數人都很難在自己身上找到類似的例子。順道一提，我並不是在自吹自擂：別忘了，我可是把電源線帶來帶去好幾年，最後還得……呃……寫作一本關於上游思維的書，才促使自己採取行動。關鍵問題出現了：**如果上游思維這麼簡單，又能這麼有效地解決一再出現的問題，爲什麼這種思維如此罕見？**

當人生頻寬不足

不如思考一下，我在邁向上游思維的過程中有多容易分心。要是家裡有人生病了，我就不可能有機會去思考這種微小的改善方案；也許我可能長期因工作或感情承受龐大壓力，而沒有餘力去思考。我們直覺認爲並預期人生中的重大問題會排擠掉微小的問題，畢竟我們的「頻寬」不足以處理每一件事。

不過這個「頻寬」的問題其實比我們所知的更有害：研究人員發現，當人感受到匱乏（不論是金錢、時間或心理上的），眞正的傷害並不在於大問題排擠掉小問題，而是小問題排擠掉大問題。請想像一下：有位單親媽媽就快付不出每個月的帳單，信用卡也已經刷爆，但這時候，孩子需要繳交一五〇美元，好加入當地的棒球聯盟。這位母親不忍心拒絕孩子，畢竟這是極少數他能在社區裡爭取到的絕佳機會。問題是，她付不出這筆錢，下一次發薪日又是在十天後，於是她從街上的放款機構取得發薪日貸款[3]，但得在一個月內以二〇%的利率

3 payday loan，就是把還款日設定為借款人下一次發薪日；發薪日一到，債主就會把錢從借款人的帳戶中拿走。

（等於年利率二四〇％）還清。如果無法準時還款，貸款時間就會拉長，而利率則會繼續加乘。坦白說，一五〇美元並不算一大筆錢，但這筆額外債務或許足以拖垮這位母親原本就不太穩定的財務狀況。

財務顧問想必會說她做了很糟糕的財務決策，但孩子好不容易爭取到機會，而她也為自己爭取到幾天或幾週的緩衝時間，也許危機會降臨，但至少不是今天。心理學家埃爾達．夏菲爾和森希爾．穆萊納森在《匱乏經濟學》（*Scarcity*，暫譯）中稱這種現象為「隧道效應」：當人們因各種問題分身乏術，通常會放棄解決全部的問題，視野也會變得如同在隧道中那樣狹隘。此時無法進行長期規畫，也沒有辦法策略性地排列出問題的優先順序。這就是為何隧道效應會成為上游思維的第三大障礙，因為它會把我們局限在短視且反射性的思維裡，就像身處隧道中，你只能**往前走**一樣。

有種常見的說法是，一連串的糟糕抉擇會讓人變得貧窮；在某些情況下確實如此（想想那些曾經身價不凡的體育明星在晚年宣告破產的例子），但夏菲爾和穆萊納森卻提出很有說服力的論點，說明這種想法是倒因為果，其實是貧窮導致短視的財務決策。誠如兩位作者所寫的，匱乏「會導致我們變得較難深入分析、前瞻思考和自我控制，而後續的影響更是廣泛。舉例來說，貧窮會削減人的認知能力，嚴重程度更甚於熬夜帶來的後遺症。並不是貧窮個人的頻寬本來就不足，而是貧窮的經歷削減了個人擁有的頻寬。」缺乏資源時，任何問題都會是壓力來源，根本沒有辦法用金錢做爲緩衝：因爲汽車要定期保養、要從口袋掏錢去看牙醫、要休幾天假在家照顧生病的父母……生活變得像是在走鋼索一樣。

陷入隧道效應的人無法系統性地思考，也無法避免問題發生，只能做出直覺反應。而且隧道效應不只會發生在窮人身上，也可能會發生在缺乏時間的人身上。

夏菲爾和穆萊納森在書中寫道：

匱乏會導致你拖延重要但不緊急的事，尤其是產生隧道效應時更是如此，例如打掃辦公室、接受大腸鏡檢查、寫遺囑等等，這些都很容易遭到忽視。做這些事要花費的代價近在眼前、極為明顯，而且很容易被推遲，但益處卻在隧道之外不可見，所以你會選擇等到所有緊急狀況都解除後，再來處理這些事。

對英勇行動的依賴，往往意味著制度的失敗

想也知道，緊急狀況永遠處理不完。突然間，我們已經邁入古稀之年，遺囑卻一個字都沒寫。各種組織同樣飽受隧道效應的陷阱之苦；愛妮塔·塔克，一位工業工程師，曾支援通用磨坊④冷凍工廠的營運工作。她在哈佛大學學位論文中，密切追蹤八間醫院的二十二名護

理師，總計將近兩百小時。塔克發現，護理師的本質其實就是負責解決各種問題的專業人士，因爲平均而言，大約每九十分鐘就會冒出意料之外的問題。最具代表性的例子是，在三天連假期間，有些洗衣房的員工不必上班，結果假期結束後，有護理師發現所屬單位的毛巾不夠用，於是從隔壁單位拿走了一些，並請祕書通知洗衣房多提供一點毛巾。

塔克也注意到，護理師最常遇到的問題類型，包括處理漏失／有誤的資訊，以及經手遺失／損壞的器材。在某個案例中，當班的護理師愛比正準備幫一位新手媽媽辦理出院手續，這時她發現寶寶並沒有佩戴識別標籤。這種佩戴在腳踝的標籤不僅昂貴（單價約一百美元）且相當重要，因爲能有效降低嬰兒遭到綁架的風險。愛比很快找了一下，發現標籤落在寶寶的搖籃裡。接著，短短三小時後，相同的情況再度發生：另一個即將出院的寶寶弄丟了識別標籤，但即使出動多名人員，最後仍沒有找到標籤，於是愛比向主管通報遺失。由於愛比快速的行動，兩位媽媽都只稍微延遲了出院時間。

爲了要解決這些問題，護理師必須兼具創意、毅力和機智。他們不會一遇到問題就向上司求救，而是試圖想辦法解決問題，以便繼續服務患者，這就是優秀護理師的定義。

這是一段很有啓發性的敘述，對吧？然而眞正的重點在於，塔克其實是在形容一個永遠**不會學習**也不會改善的體制。「說實話，我眞的很震驚。」塔克表示，之所以震驚，是因爲塔克完全沒有在其中觀察到任何上游行動。

愛比在三小時內就處理了兩次識別標籤遺失的問題，但她卻沒想到自己應該要問：**爲什麼這種狀況一再出現？**從其他單位多拿一些毛巾的護理師也沒有想到：嘿，這裡的流程有問題，我們需要一個可以應對三天連假的計畫。

護理師陷入了隧道效應，因爲他們的時間有限，注意力也有限。從另一個單位拿走毛巾，可能會導致那個單位在幾小時後缺毛巾，其中的概念其實和選擇發薪日貸款很像。帳單總有一天會到期，但至少不是現在；而在這個當下，護理師還能繼續處理眼前的工作。

難道這則故事的意義是要指責護理師嗎？當然不是。我的推測是，就算塔克追蹤的是其他類型的專業人士，例如律師、空服員或教師，結果也會大致相同。順道一提，想像一下如果這些護理師眞的跳脫隧道效應，情況會變得有多違反常理。首先，護理師發現新生兒的識別標籤很容易脫落，於是向主管報告，接下來還能期望她採取什麼行動呢？在十幾位患者需要她關注的當下，實地進行根本原因分析？再順道一提，其他同事又會怎麼看待一個總是把「修正流程」掛在嘴邊，而不是去其他單位多抓幾條毛巾的護理師？待在隧道裡並繼續往前挖路顯然簡單得多，也比較符合常理。

4 General Mills，全球第六大食品公司，旗下品牌包括綠巨人玉米、哈根達斯冰淇淋……等。

這是個恐怖的陷阱：如果你無法從制度上解決問題，就只能繼續處於無盡的反應行爲循環當中。隧道效應只會引發更多隧道效應。

隧道效應不僅會持續循環，甚至有可能帶來情感上的獎勵。當你在最後一刻阻止大災難發生，有種榮譽感會油然而生，看看那些經常重彈的老調就知道了：「親愛的團隊，我們必須給史提夫一輪掌聲，因爲他即時滅火／救了所有人／幫我們脫離險境／讓我們逃過一劫。如果不是他，我們就趕不上提交庫存缺貨報告的時限了。」拯救大家的感覺非常美好，英勇行動更是讓人上癮。很多人身邊都有這種同事，看起來總是非常享受那種「爲了重大期限熬夜整晚」的瘋狂冒險。重點並不是緊急狀況不值得你去挽救，而是我們必須謹慎看待這種行爲循環；對英勇行動的仰賴，通常意味著體制的失敗。

聚焦可以是助力，也有可能成爲阻力

那麼，我們該如何逃脫出隧道呢？你需要「空閒」，這裡指的是預先保留時間或資源，並用來解決問題。例如有些醫院會利用晨會來創造空閒時間，讓員工聚在一起檢視前一天任何接近失誤的安全問題，像是患者差點受傷或人員差點犯錯等等，同時也預先釐清當天會出現的複雜狀況。在這樣的討論空間裡，就很適合護理師提出意見：「識別標籤很容易從寶寶身上掉下來！」

空閒時間並非意味著無所事事地浪費時間，而是確保有一段時間讓員工可以脫離隧道、思考制度面的問題。你可以把這段時間想成「結構化的空閒」：爲了培養上游行動，而且需要合作和紀律。芝加哥公立學校系統降低肄業率的計畫也應用了相同的概念：「新生傑出表現團隊」會舉行站立會議，一一檢視每位學生的進度。這樣的討論空間絕不可能「自然」出現，畢竟要從教師緊湊到近乎瘋狂的行程表中找出時間，顯然不是什麼容易的事。

脫離隧道困難重重，因爲組織的架構會抗拒這種做法。請回想一下智遊網執行長馬克·奧克斯特魯的見解：「我們在建立組織時，目的是讓員工有可以聚焦的目標，基本上就是允許他們只關注眼前的問題。」聚焦可以是助力，但也可以是阻力；它能讓工作更快、更有效率，但也會蒙蔽人們的視野（讓賽馬戴眼罩，就是爲了避免分心，以便跑得更快）。當你一直把焦點放在**前進**、**前進**、**再前進**，就永遠無法暫停一下，釐清自己是否往對的方向前進。

事實上，就算說人類大腦是爲了隧道效應設計的也不爲過，哈佛大學心理學家丹尼爾·吉爾伯特就指出，專注於眼前和緊急的事，是人類思考機制的預設功能。他在《洛杉磯時報》的一篇文章中寫道：

和所有動物一樣，人類對於明顯且當前的危險能快速反應，這也是為何偏離軌道的棒球快速迎面而來時，我們只需要幾毫秒就可以躲過。人類大腦堪稱設計精良的逃生機器，隨時都在掃描環境中不尋常的事物。數億年來，大腦都是如此運作，一直到幾百萬年前，哺乳動物腦學會了新技倆：在危險發生前預測事發時間和地點。

避開尚未發生的事件是大腦最令人驚嘆的新技能，要是沒有這項能力，牙線或退休福利計畫就不可能問世。然而這項新技能仍處於發展的早期階段，我們之所以能對迎面而來的棒球做出反應，是因為運用了古老而可靠的大腦能力，至於要對潛伏於不可見未來的威脅做出反應，這項附加功能還處於測試階段。

根據吉爾伯特的論點，上游思維是人類大腦的新功能。

似乎只有兩種類型的顧慮能確實觸發我們的上游直覺：小孩和牙齒。只要一想到小孩，我們就能預先思考到好幾年後的事：他們會不會用太多電子產品？他們的飲食夠健康嗎？他們上得了好大學嗎？

更令人費解的是對牙齒的重視，它簡直是全身上下最備受呵護的器官。即使皮膚缺乏防曬乳的保護，心臟無法負荷輕快的慢跑，免疫系統抗拒每年一次的流感疫苗，我們還是每天固定刷兩次牙，以預防蛀牙，並把它當做每天生活中最重要的事項，即使最忙碌的時候也不例外。我們還會定期向牙醫報告，希望能取得更嚴謹的評估結果，甚至會爲某一顆牙齒裝牙套或進行塡補，儘管這顆牙齒當下並沒有造成任何不適。請仔細思考一下這項事實：人類這種物種培養出最成功的預防性習慣，就是爲了保存我們的……肺、大腦、心臟、牙齒。

創造危機感

有沒有可能，某天我們能學會像對待牙齒一樣呵護和保存地球？顯然沒辦法，畢竟國際間的種種作爲都無助於減緩氣候變遷。長年來，我們一直嘲笑溫水中的青蛙，待在鍋子裡遲遲不行動，直到爲時已晚。結果我們就是那些青蛙。

氣候變遷就像邪惡主腦設計出的圈套一樣，徹底利用人類心理的每一項弱點：其中的變化太過緩慢，難以激發危機意識；而且這場危機沒有代表人物，就如丹尼爾．吉爾伯特在文章中所寫的：「如果氣候變遷是由冷血獨裁者或邪惡帝國發起的行動，向全球暖化宣戰必定會是每個國家的最優先目標。」若要成功解決氣候變遷的問題，全人類必須以超越自身利益的態度跨國家、跨黨派、跨組織合作。最後一點，我們無法從氣候變遷中看出行爲和後果間的關聯：造成最多傷害的人和因此受害最深的人並不是同一群。

這樣的敘述也許令人感到未來一片黑暗，但其實有個案例能讓我們重燃希望：不久之前，全人類合作解決了全球性的一大環境威脅，而這場危機也完全符合上述的特徵，那就是臭氧層破洞。讓我們回到一九七四年，當時科學家馬里奧．莫利納和法蘭克．薛伍德．羅蘭在期刊《自然》上發表了一篇論文：〈氟氯烷引發的平流層稀薄化：由氯原子催化的臭氧分解〉（Stratospheric Sink for Chlorofluoromethanes: Chlorine Atom-Catalysed Destruction of Ozone），嚴肅的標題忠實呈現了災難的發現。

兩位科學家發現了氟氯烷的祕密。包括止汗噴霧、美髮定型液和冷媒等產品在內，都可找到氟氯烷的蹤影。它可說是完美的物質，因爲既不可燃，又不具毒性，同時也極爲穩定，意思是可以在大氣中停留很長一段時間。然而沒有人仔細想過，這種物質離開冰箱或腋下後，最終會停留在哪裡。莫利納和羅蘭的研究指出，氟氯烷會不停往大氣上升，直到最後被陽光分解，並釋放出氯、侵蝕全球的臭氧層，而臭氧層正是抵擋紫外線的重要防護罩。可能的後果包括：全球食物供應失衡，以及皮膚癌盛行。

那麼，如此令人震驚的發現公開後發生了什麼事呢？其實沒什麼值得一提的。「這項發現沒有引起太多反應，因爲我們討論的是隱形的氣體上升到隱形的氣層，而氣層可以保護我們不受隱形射線的傷害。」莫利納在美國公共電視臺精采的紀錄片《臭氧層破洞：如何拯救地球》（*Ozone Hole: How We Saved the Planet*，暫譯）中如此表示：「大家都說：『喔，你說得太誇張了吧。』」

事實上，他們一點也沒有誇大；不過幸好，這個世界並沒有因此毀滅，因爲國際聯盟合作簽訂了一連串協議以限制氟氯烷的使用，包括一九八七年的《蒙特婁議定書》；有位氣候科學家將這項協議形容爲「踩在煞車上的一腳」。後來一九九二年的《哥本哈根修正案》則更類似於緊急煞車。此後又有多項協議確立，最後人類成功阻止臭氧層破洞問題繼續惡化。必須了解的是，臭氧層並未因此有任何一點復原，依照現在的趨勢，臭氧層在二〇五〇年之前，都無法回復到一九八〇年的狀態。不過至少我們已停止自掘墳墓，願意放下對立也是値得慶祝一番的事。

預防行動的本質有個弔詭之處：我們必須創造出緊急需求，才能解決短期內不會發生的問題；換句話說，我們必須讓上游行動感覺起來像是下游行動。以一九七四年的情況爲例，莫利納和羅蘭德發表論文後，全世界大概有幾十個人覺得，解決臭氧層變薄的問題是燃眉之急。請各位想像眼前有張全球熱圖，呈現出「解決臭氧層問題的熱切程度」，其中顯眼的紅色亮點就是莫利納和羅蘭德的研究單位所在地，而地球的其他地方都是漠不關心的藍色。但十年後，紅色區域像野火一樣蔓延開來，各國即將簽署全球協議。過程中到底發生了什麼事？

首先我們必須理解，「創造危機感」基本上就是善用隧道效應的力量。這時與其努力逃脫隧道（也就是先前所說的挪出空閒時間），我們可以把隧道的極端聚焦效果變成自己的優勢。當期限一步步逼近，無論是誰，生產力和動力都會達到頂點吧？期限可以爲任務增添人爲的危機感；想想看所得稅的報稅截止日，這個日期是隨機決定的，卻對我們的行爲有實際的影響力。根據估計，報稅高峰多半集中在最後一週。隨著期限漸漸逼近，你一定會不顧一切把快到期的事情搞定。原因並不是你終結了隧道效應，比較像是政府把任務塞進隧道裡，以確保你會完成它。

人人都希望自己重視的問題「在隧道裡」，但裡頭空間有限，我們的需求必須和許多其他緊急與情感面的考量競爭：送孩子去練習足球、幫上司分析資料、去療養院探望祖母。如果你沒有採取行動，這些事情就無法解決。在此同時，臭氧層的議題聽起來很重要，但終究不會被納入你的日常生活考量，擠不進你的隧道裡。儘管這麼做不符合他們的訓練和直覺判斷，爲了戰勝這種漠不關心的風氣，包括薛伍德．羅蘭在內，眾多參與研究的科學家開始呼籲大眾採取行動：一再強調臭氧層變薄會對人類造成的負面影響，就連對這項研究結果抱有敵意的群眾也是他們的宣傳對象。

這些科學家的倡議在意想不到的地方改變了社會的觀念。一九七五年，美國最受歡迎的電視節目《全家福》（*All in the Family*），其中一集演到自由派的大學生麥可（其特徵是頭腦簡單，四肢發達），批評妻子葛洛莉亞使用含有氟氯烷的造型噴霧，並提到這種化學物質會摧毀臭氧層，「害死我們所有人」。這一集播出之後，造型噴霧的銷售量明顯下降。

調配危機感，讓敵手變幫手

使危機感進一步散播的關鍵是「臭氧洞」一詞。如今已耳熟能詳的說法其實直到一九八〇年代中期後才被廣爲接受，距離臭氧層論文發表在《自然》上，至今已有十年之久。部分科學家認爲「臭氧洞」一詞並不精確，因此反對使用，但它卻很快爲大衆所知。參與研究的科學家理查．斯托拉斯基在播客上表示：「如果你能用一個簡單的關鍵詞來描述概念，確實能更容易讓更廣大的群衆了解。」所謂「破洞」的說法，讓這個問題較容易具象化，也更能激發出採取行動的心態。當重要的事物破了一個洞，不論是屋頂、船舶或針織衫，你都必須趕緊修補。破洞是緊急事件；臭氧層日漸稀薄則不是。

這場行動還有另一個層面：拉攏國際行動的潛在反對者。像杜邦（DuPont）這樣的大型氟氯烷製造公司，多年來都在抵制相關禁令，不過《蒙特婁議定書》簽訂時，杜邦已成爲倡議的支持者。後來有兩位學者針對杜邦在這項議題所扮演的角色進行研究，並提出這樣的結論：「促成杜邦公司支持這項協議的關鍵之一，就是美國官員能確保歐洲的競爭企業不會因這項國際協議的任何條約，獲得任何市場上的優勢。」換句話說，杜邦可能會抗拒僅限美國境內的禁令，但如果全球的競爭者都必須遵守相同的法令，杜邦就不會有處於劣勢的感覺。

其他反對者還包括發展中國家的領導者，抱怨爲何要替大多並非由他們所造成的問題付出高昂的代價，於是當時的英國總理柴契爾夫人帶頭要求工業化國家提供大多數必要資源。這位鐵娘子看起來或許不太像是臭氧層保護計畫的關鍵人物，不過我們從她的背景可以看出端倪：柴契爾夫人在大學主修化學，還曾短暫擔任化學研究人員。

在提出這些折衷方法前，國際對臭氧層採取的行動會對杜邦公司和發展中國家造成**威脅**，而根據定義，威脅就是緊急狀況。因此，在國際間負責協調的人士要完成的目標，就是將危機感調配得宜：支持者必須要更有危機感，反對者則要少一點危機感。

在事後看來，像這樣的成功案例，都是因爲採取了非採取不可的行動；**我們當然得修復臭氧層，這是一定要做的事！**然而，當時可能導致整個行動失敗的原因有百百種，以下就是其中之一：一九八七年五月，就在簽署《蒙特婁議定書》幾個月前，美國內政部長唐納．霍德在內部討論中強力批評這項提案，並表示與其禁用氟氯烷，不如呼籲民衆開始戴遮陽帽、擦防曬乳和戴太陽眼鏡。隨之而來的是媒體的猛烈砲轟（你大概會希望當時就有社群網站，好讓你能仔細評論那段發言）。於是霍德改變立場，而雷根政權也繼續在這項協議中扮演關鍵角色。

雷根總統起初抱持懷疑態度，後來轉變爲極力支持這項計畫。時任國務卿喬治．舒茲在美國公共電視臺的紀錄片中如此描述雷根總統的態度：**「也許你說得沒錯，什麼事都不會發**

生；但你必須承認，如果眞的發生了，一定會是一場大災難，所以我們來推行有保障的政策吧。」

氣候科學家在討論臭氧層相關協議可避免哪些問題發生時，使用的是「成功避免的世界」這種說法。「我認爲這可以幫助大家思考，我們避免了什麼樣的世界來臨。」美國國家海洋暨大氣總署研究員尙恩．戴維斯在 TEDx 演講中表示：「因爲《蒙特婁議定書》生效而成功避免的世界，原本會對我們的環境和人類健康造成嚴重衝擊。到了二〇三〇年代，我們每年可以避免產生數百萬個皮膚癌新病例，而且這個數字只會增加不會減少。」

「成功避免的世界」是可以喚起正面聯想的說法，就某方面而言，這是每一種上游行動的共同目標：要避免持續出現特定傷害、不公、疾病或困難的世界。實現「成功避免的世界」並不容易，原因在於我們先前討論過的重重障礙：對問題盲目（**我沒有看到問題**）、缺乏負責人（**解決問題的責任不在我身上**）和隧道效應（**我現在沒辦法處理這個問題**）。

隨著進入本書的下一節，我們會研究爲「成功避免的世界」而奮鬥的行動者，他們極力想避免的問題在領域和規模上都各有不同：從家庭暴力、電梯故障、入侵物種、人行道毀損、客戶流失到校園槍擊。不過，儘管他們關注的問題天差地遠，但採用的策略卻有很重要的相似之處。他們必須以不同形式去處理無法迴避的七大關鍵問題，從「如何集結對的成員」到「誰要爲沒發生的事付出代價」。

接下來，我們會看到一個國家如何達到這個令人難以想像的目標：幾乎解決青少年藥物濫用問題。如果你認爲讓一整個世代的青少年都幸福快樂又頭腦清醒是痴人說夢，請翻頁。

第二部

上游行動者面對的七大問題

第4章 如何集結對的成員？

一九九七年，有人在冰島首都雷克雅維克市中心拍下一張相片，這個凝結的瞬間凸顯出一項重大國家問題。照片中，街上擠滿了人群。當時是冰島的夏季，太陽並不會眞的下山，陽光只會暫時減弱幾個小時，所以儘管相片是在凌晨三點時所拍攝的，但所有臉龐仍清晰可見，而且幾乎所有人都是喝醉的青少年。

青少年占領了這座城市。

一九九八年，冰島十五歲到十六歲的青少年中，有四二％曾在過去三十天內喝醉，而且幾乎有二五％每天抽菸，還有一七％已嘗試過大麻。「我還記得曾幫朋友在巷子裡催吐。」原本是醫師，但在二〇一四年成爲雷克雅維克市長的達居爾・埃格森表示。「還有另一位朋友是眞的掉進海裡，因爲他把港口區的油管當平衡木走……這些都是很常見的故事，是我們成長的必經過程，就像在滿十四歲的那個暑假去打工，然後第一次拿到薪水。」

這類行爲已經不只是一般的青少年胡鬧。冰島十年級學生因攝取酒精而發生意外或受傷的比例，在二十二個歐洲國家中高居第二。至於其他令人擔憂的事件統計中，冰島的青少年同樣「名列前茅」：在十三歲或更年輕時就曾喝醉的比例，以及在前一年喝醉超過十次的比例。對冰島的青少年來說，這些都是再正常不過的行爲——他們所知道的世界就是這個樣子。然而眼看一九九〇年代的藥物濫用率幾乎逐年攀升，有一群人開始感到憂心。

這些人從「對問題盲目」的狀況中醒悟過來，不再把這類青少年行爲輕描淡寫地當做正常或無可避免的現象。他們決定要往上游移動。那麼，接下來該怎麼做呢？

包圍問題

若要成功達到目標，採取上游措施的行動者必須先著手解決七大關鍵問題，在接下來的各章中，我們會一一解析這些問題，探討爲什麼每一項都可能難以找到解答；而明智的行動者又採用什麼策略來克服這些障礙。

七大問題中的第一項就是：如何集結對的成員？

別忘了，大多數上游行動比較類似志願工作，是一種選擇而不是義務，冰島的情況也是如此。許多人員和政府機關必須處理青少年藥物濫用的後果，卻沒有任何人或機關是爲了預防這項問題而存在（至少剛開始是這樣）；所幸有不少人因爲夠在乎，所以願意嘗試。因此和諸多上游行動一樣，第一個步驟就是要包圍這個問題，也就是招募成分多元的一群人和組織，爲了共同的目標而努力。

一九九七年，有一小群人發起對抗藥物濫用的運動「無毒冰島」，成員大多是學術研究者和政治人物。這個團體積極地向任何願意伸出援手的對象尋求協助：研究員、立法民意代表、學校、警方、家長、青少年、歌手／音樂家、非營利組織、政府機關、冰島各地政府、私人企業、教堂、醫療中心、運動俱樂部、運動員、媒體人，以及國營菸酒專賣店。這些合作對象看起來也許很長一串，不過別忘了，大多數的冰島人都住在首都雷克雅維克或附近，而這些人口加起來也不到二十五萬人。以土地面積而言，整個冰島只有一〇．三萬平方公里（大約是三個臺灣的大小），不過它有活火山、大型冰河，以及被《國家地理雜誌》譽爲「冰島最著名輸出品」的國寶歌姬碧玉。關鍵在於，在冰島，可以用相對較短的時間集結數百位來自不同領域的領導者。

吸引這些專業人士加入的，是打擊藥物和酒精的全新願景。傳統上，這類行動會把重點放在改變個人行為，也就是讓青少年戒除酒精或藥物。不過這群人認爲，歷來強調「抗拒誘惑」的做法是見樹不見林：假如青少年根本無從取得藥物呢？如果青少年變得更享受其他活動，例如踢足球、看電影或登山，以至於不再想喝醉了呢？簡而言之，如果攝取藥物和酒精在青少年的世界裡開始被視爲**不正常**，而非日常行爲呢？「我們想透過改變社群，來影響孩子之間的行爲。」社會學家，也是這場運動的主要領導者之一英格・朵拉・辛芙杜蒂如此表示。

學術研究指出，有幾項風險因子會對青少年藥物濫用造成影響，會喝酒或抽菸的朋友就是明顯的風險之一；另一項則是有很多未經計畫的時間能和這些朋友待在一起，例如在派對或凌晨三點的市中心街道上。另外也有一些保護因子能降低藥物濫用的風險，其核心概念基本上都是要讓青少年以更理想的方式運用時間，例如參與運動和課外活動，或單純地花更多時間與父母相處。研究指出，相處時間的長度比品質更重要，不過有趣的是，辛芙杜蒂表示這對許多冰島家長來說可不算是好消息。簡單來說，青少年能自由運用的時間相對有限，因此只要從事行爲良好的時間比例增加，就比較沒空做出不良行爲。

因此，這場運動的宗旨很簡單：改變青少年之間流行的文化，方法是減少藥物濫用的風險因子，並增加保護因子。參與其中的各方（從家長、政治人物到運動俱樂部經營者）可運用的資源各有不同，但他們都具備影響一項或多項因子的能力。

社群和家長努力的目標是改變熱門節慶的文化，並鼓勵全家人一起參與，因爲過去有很多青少年會在沒有大人陪伴的情況下參加這些活動。他們也招募青少年編寫劇本並拍攝反對飲酒的電視廣告。

大多數行動都必須仰賴多方合作，舉例來說，冰島有項「戶外時段」的政策，根據年齡不同，青少年可以待在戶外一定時間。這項政策已行之有年，而這樣的「戶外時段」政策基本上就是友善版的宵禁，就算被發現違反規定，也不會有法律上的罰則，因此經常被視之爲無物。就像在那張令人印象深刻的相片中，占據雷克雅維克街道的青少年全都違反了這項規定。

爲了對抗這種漠不關心的態度，參與這場運動的人士寄信給雷克雅維克市長、警察局長及所有年輕人的家長，建議他們重視戶外時段的規定。信中還附上一枚冰箱磁鐵，標示出年輕人可以在外活動的特定時段。辛芙杜蒂指出，在過去，落實戶外時段規定的責任大多落在家長身上，導致孤軍奮戰、努力遵守政策的家長不得不扮黑臉，而青少年則會一如既往地抗議：「沒有人的爸媽在乎宵禁！」磁鐵的功能就是讓宵禁感覺更「正式」，遵守規定的情況因此大幅改善；部分社區的家長還發起了「夜間散步」的活動，目的是找到並勸導任何還在外逗留的青少年回家。

讓想嗨的青少年不再醉醺醺

這場運動最創新的部分源自哈維．米爾克曼的研究，這位美國臨床心理師的專業領域是成癮現象。「我發現，與其說人們對藥物成癮，不如說是對大腦的化學作用上癮，」米爾克曼指出。「所以唯一的解決之道就是自然的亢奮狀態。」換句話說，我們不該對抗青少年想「嗨」的天性，而是提供他們更安全的方式，以達到亢奮狀態。這場運動的領導人已經知道孩子需要以更理想的方式運用時間（這是典型的保護因子），米爾克曼的獨到見解則爲行動再增添了一點細膩。青少年需要的不是更多活動，而是能讓他們進入自然亢奮：遊戲、表演、健身、展覽，也就是那些促使他們挑戰身心的活動。

冰島青少年在放學後通常會前往「運動俱樂部」，那裡有各種運動設施，從足球、高爾夫球到體操，應有盡有。不少社區會爲俱樂部聘請更好的教練，不再要求志工家長擔任足球教練，而是找有收費且具專業經驗的退役選手。這種運動的「專業化」非常關鍵：冰島團隊解決藥物濫用的行動，明確區分了非正式和正式的運動參與，重點是後者。如果你習慣在街上隨機找球友打籃球，那麼你的飲酒量很可能和其他沒打球的青少年一樣多（甚至更多）；但如果你是籃球聯盟的球員，結果就會完全不同，因爲你做出了承諾，你是團隊的一分子，你的社交圈也是以一項健康的活動爲中心。

爲了推廣參與運動俱樂部和其他休閒活動，雷克雅維克市政府與其他跟進的城市，提供每個家庭價值數百美元的禮物卡，可用來支付會費和課程。

這些行動都發揮了效果。團隊想衡量國內青少年攝取酒精和藥物的習慣，同時也想追蹤這場運動納入考量的風險和保護因子（例如與父母相處的時間），於是開始執行「冰島年輕人」的年度調查。這項調查的功能等於這場運動的計分板。爲了審視這些成果，也爲了規畫後續每一波的行動，團隊必須開會，一直開會。醫師開藥、礦工挖礦、老師教課，上游工作者就是要開會。在運動展開後的最初五年，光是指導委員會所舉行的會議就多達一〇一場。跟一般職場上令人忍不住閉眼瞌睡的冗長會議不同，只要方式正確，上游會議就能充滿活力：具有創意、直言不諱、即興發揮，洋溢著爲了達成有意義的目標共同努力而產生的夥伴情誼。

即便在運動剛開始的那幾年，進展也相當明顯：正式參與運動的比例提高、與家長相處的時間增加，遵守戶外時段規定的比例也跟著上升。這樣的成就感正是讓衆人願意繼續行動的心理回饋，也使得更多合作者願意投入這項任務。二〇一八年，也就是這場運動開始二十年後，青少年文化徹底脫胎換骨。如果要具體說明這些成效，請想像一個有四十位學生的高中班級。一九九八年時，這一班有十七名學生曾在過去三十天內喝醉過；到了二〇一八年，只剩下三人。在運動展開前，班上每天抽菸的學生有九名；在運動展開後，只剩下兩人。在過去，班上有七名學生曾嘗試過大麻；至於現在，只剩一人。

在冰島的案例中，最令人驚訝的莫過於成效太過全面，以至於許多人根本難以察覺。如今大多數的青少年都不曾發現這一點，因爲他們從小就在沒有藥物濫用問題的環境中長大。

冰島的這場運動成爲全世界欽羨的目標，其他國家城市的團隊如西班牙、智利、愛沙尼亞和羅馬尼亞，都迫不及待地採取相同的做法。「這套模式中有項最不可或缺的要素，那就是賦權。」辛芙杜蒂表示，「也就是要讓社群、家長和孩子有發聲的權利。只要是這個體制中的一分子，每個人都有該扮演的角色，我想這就是這場運動背後的最大動力。」

讓每個人都有其角色功能

要如何集結對的成員？不如就從辛芙杜蒂的見解開始做起：讓每個人都有該扮演的角色。既然你的進展必須仰賴衆人自願付出，招募多一點成員確實是比較聰明的做法。

然而，只抱著「越多越好」的哲學還不夠，挑選核心團隊時應該更有策略。預防措施通常需要以全新方式整合四散的要素，而如果要展開成功的上游行動，就必須包圍問題，這表示你需要吸引能從各關鍵層面處理問題的合作對象。在冰島，這場運動的領導者招募青少年和幾乎所有能對他們造成重大影響的人物一起參與：家長、老師、教練，每位成員都具備能爲這場運動做出貢獻的關鍵能力。相對的，下游行動的範圍通常比較有限，請回想一下本書開頭提到的智遊網案例：對客服電話做出反應，只需要一個客服中心專員採取行動就足夠，但如果要讓顧客完全不必來電尋求協助，就需要整合多個團隊的人員。

包圍問題後，你必須組織所有成員的行動，也必須擬定出有說服力的重大目標，促使成員即使身處充滿壓力的環境，依然能繼續付出。例如在接下來這個案例中，上游行動事關人命。

一九九七年，剛從大學畢業的凱莉．鄧恩抵達麻州的一座古樸城鎮紐伯里波特，這裡距離南方的波士頓約一小時車程。到達後沒多久，她就因一張徵求志工的傳單採取行動，工作內容是在法庭上幫助申請禁制令的受害者。接受一些訓練後，週一鄧恩現身在當地的地方法院，展開第一次正式的志工服務。雖然她在週末思考了一下可能的情況，但由於無法判斷法庭上究竟會發生什麼事，於是她帶了一本書打發時間。

沒想到，已有三名女性在現場等著和鄧恩談話。其中一位整個週末都被鎖在地下室；另一位的手臂上有瘀青，因爲丈夫毆打她時，孩子瘋狂抓住她的手。

「當時我眞的嚇壞了。」鄧恩說。她心想：「我的天，我根本不敢想像這個冷清的小鎮在週末到底發生了什麼事。」她越來越投入幫助家暴受害者的志工服務，不久便以全職身分在該組織工作，現在名爲「珍凱格危機處理中心」（Jeanne Geiger Crisis Center）。

五年後，鄧恩幫助過的一位女性——桃樂絲．關塔寇特遭到分居的丈夫殺害，這起新聞還登上《紐約客》雜誌的版面。這位女性長期受虐，一直想離婚，但同時又要保護女兒的安全。丈夫從前門進入、推開其中一名女兒，闖進桃樂絲的臥房，並將她拖出房間。警方抵達時，他已槍殺了桃樂絲，然後對自己開了一槍，兩人的女兒就這樣成爲孤兒。

這起謀殺案導致鄧恩面臨信仰危機。「我要不就是選擇離開這份工作，要不就是得認眞思考我們到底在做什麼：我們是怎麼建立出這些制度的？這些制度眞的是爲了幫助受害者而設計的嗎？」鄧恩談到自己對桃樂絲謀殺案的反應，「她的案子讓我們看到了這個體制的所有漏洞。」

這個體制明確區分成多項專門功能：警察負責處理報案電話、醫療照護機構負責治療傷口、支持團體負責協助受害者、律師負責提出告訴，假釋官則負責監督服刑後的施暴者。但基本上，像桃樂絲這樣的女性無法受到這些人的幫助，因爲其中沒有任何一個組織的職責是避免謀殺案。鄧恩認爲，要防止謀殺案發生唯一的方法，就是整合這些組織，並引導他們把重點轉移到高風險女性身上。

請讓我岔個題。瑞秋．路易絲．斯耐德在《紐約客》以大篇幅訴說桃樂絲．關塔寇特和珍凱格危機處理中心的故事。斯耐德動人又觀察入微的文章，讓我對危機處理中心的故事有所認識。

不過，要怎麼事先得知哪些女性遭殺害的風險較高？這個問題帶領鄧恩找到了潔奎琳．坎貝爾的研究，她除了是一名護理師，也是約翰．霍普金斯大學首屈一指的家暴問題研究者。坎貝爾在職涯早期就已注意到家暴問題相當普遍；攻讀護理學碩士學位期間，她和俄亥俄州代頓市的警察局合作，重新查看所有女性遭到丈夫、男友或前伴侶殺害的案件；值得注意的是，當女性遭到謀殺時，犯人中幾乎有一半具備這些身分。

坎貝爾查看的許多檔案都包含犯罪現場照片在內。其中一張深深烙印在她的記憶中：相片中的女性被銬在椅子上，死因是槍傷——她的丈夫對著她的太陽穴開槍。這當然是非常血腥的畫面，但還有另一項細節引起坎貝爾的注意：受害女性的手臂上有石膏。根據檔案資料，她的尺骨（組成前臂的兩根骨頭之一，另一根是橈骨，位於大拇指側）嚴重骨折。一般而言，發生意外時，要不是兩根骨頭都骨折，不然就是只有橈骨受傷；只有尺骨骨折，表示這是因防衛而造成的傷害。可以推斷這位女性被迫撞上堅硬到足以讓骨頭碎裂的東西，讓她不得不舉起手臂保護自己。

不過讓坎貝爾感到吃驚的並不是受傷，畢竟她查看的每份檔案都涉及肢體暴力；重點在於石膏。有石膏，就表示女性受害者曾向醫療體系尋求協助，然而卻沒有人願意或有能力保護她不受到更多傷害。「這就是為什麼我開始確信，自己必須從事協助受暴女性的工作。」坎貝爾這麼說。

將重點放在預防，而非反應

坎貝爾開始研究家暴惡化成謀殺的模式。有些風險因子較容易用來預測，例如施暴者可取得槍枝或長期酗酒；但其他的因子則沒那麼明顯，比如有暴力傾向的伴侶失業，受害者就可能暴露在更高的風險之下。根據資料中呈現的模式，坎貝爾開發出「危險評估」工具，經多次驗證，可準確預測親密伴侶犯下謀殺罪的可能性有多高。在最新版本的工具中，會請受虐女性在日曆上標記出過去一年來遭到虐待的大概日期，並請她們要回答二十個關於施暴者的是非題，例如：

- 對方是否失業？
- 對方是否曾威脅要傷害妳的孩子？
- 對方是否控制了妳大部分或所有日常活動？例如：對方是否規定妳只能和某些人交朋友、規定妳拜訪家人的時間、規定妳能花費的金額，或規定能使用車輛的時間？

多年後，已經成為珍凱格中心高階主管的凱莉．鄧恩意識到，坎貝爾的危險評估工具就是有可能救桃樂絲一命的預警系統。如果當初桃樂絲有填寫這份問卷，她會在二十題中拿到十八分：極度危險。坎貝爾的工具為支持團體帶來了新的契機，也就是能在最糟狀況發生前介入。接下來，鄧恩要找出把握這段時間的方法。

二〇〇五年，鄧恩組織並成立「高家暴風險團隊」（Domestic Violence High Risk Team, DVHRT），成員包括所有頻繁經手受虐案件的相關人士：警察、假釋官、觀護人、地區醫院員工、受害者支持團體、地區檢察官辦公室的代表，甚至還有處置施暴者的團體，而這種做法就是包圍問題。這個由十三到十五人組成的團隊每個月會面一次，審視在危險評估問卷中獲得高分的女性案例。

說這樣的合作關係超級罕見且難以成眞，絕非言過其實，畢竟在許多社區中，受害者支持團體和警方之間明顯對立。這些專業人士的職責原本是要在工作過程中把接力棒傳給彼此，像是醫院把受害者轉介給支持團體、支持團體向警方舉報施暴者，接著警方再把案件交給地區檢察官……但他們從未坐在同一張桌子前攜手合作，當然也不可能知道該把重點放在**預防**，而不是反應。

在團隊的會議中，他們會一一審視每件案子。通常第一步是為受害女性擬定緊急計畫：如果她必須逃走，該逃去哪裡？誰能支付住宿或計程車的費用？應該通知誰？另一個頻繁出現的討論主題是「巡邏經過」（drive-bys）的必要性，也就是警察在巡邏途中會行經受害者的住家，目的是向施暴者傳達訊息：**我們盯著你**。

巡邏經過同時也是在向受害者傳達訊息。鮑比．懷爾是一位定居在阿姆斯伯里附近的退休警探，他提到，一位警察曾在巡邏經過一位女性的住家時，因爲注意到某件事而停下來。「於是他把車停好，然後敲門詢問屋主：『一切都還好嗎？』對方回答：『很好啊，爲什麼這樣問？怎麼了嗎？』結果他說：『閣樓的燈亮了，不過之前那盞燈都沒亮過。我只是想確認一下有沒有什麼狀況。』那位女性欣喜若狂。」她之所以欣喜若狂，是因爲警察細心觀察，發現有新的燈亮起。後來屋主還邀請警察進門享用餅乾。

在合作的過程中，他們漸漸發現制度中可能遭到施暴者利用的漏洞。舉例來說，如果犯人的釋放條件是必須穿戴GPS手環，但出獄當天和第一次與假釋官會面之間有幾天間隔，也就是說，犯人要到幾天後才會拿到手環。「假設中間隔了兩天，他們會跑去哪裡？」懷爾警探進一步指出：「現在的程序改了。犯人出獄時，我們會押送他們去辦理假釋，那時候就讓犯人立刻戴上手環。這樣一來，就不會有兩天的空窗期。」

「二十年前，如果你跟我說警察會和家暴支援團體坐在同一個空間，邊喝咖啡邊笑著聊天，我一定會說你在做白日夢。」道格．高德特說，他隸屬於另一個也加入高家暴風險團隊的倡議組織。「但現在這一切都成眞了。」

從二〇〇五年開始，團隊經手超過一七二起高家暴風險案件，其中九成受害者表示並未再度遭受攻擊。根據鄧恩的說法，團隊成立前十年，當地共發生八件與家暴有關的死亡案件；而自從高家暴風險團隊開始為當地社區服務、以保護最容易受到暴力威脅的女性為宗旨的十四年以來，沒有任何一位女性死於與家暴有關的謀殺案。完·全·沒·有。

以學習為目標的資料，以鑑定為目標的資料

高家暴風險團隊的成功帶來了這樣的啓示：與正確的成員一起解決問題、盡早通知成員有問題出現，並共同努力以防止可能導致該問題發生的特定情況。關於最後一點，有必要澄清的是，這個團隊的組成並不為了討論「有關家暴的政策問題」，而是防止特定女性遭到殺害。

這個案例和先前所提到芝加哥公立學校系統的故事有值得注意的相似之處，請回想一下領導學區內「新生步入正軌」計畫的佩姬．朋德所說的話：「當老師的美好之處是，不論你的理念是什麼，只要你參與的討論和麥可有關，就是在關心他。這一切的重點在於大家真正關心的事……『我們下星期要怎麼幫麥可？』」

在紐伯里波特的行動也是基於相同的動機。警方、檢察官、支持團體和醫療工作者在職場上各有不同的優先任務，但彼此有項共同的願望，就是不想再看到鄰居太太被有虐待傾向的丈夫殺害。就是這樣的共同目標，促使他們願意彼此協調合作。

這兩個故事的另一個連結點是「資料的重要性」。我在研究過程中一再觀察到這項議題，也因此備感驚訝。我明白資料是激發觀點和衡量情況的重要工具，卻沒料到它也是眾多上游行動的核心。就算光從文字來看，這點依然千眞萬確：學區的老師和顧問、高家暴風險團隊的紐伯里波特成員，他們所做的努力就是一起圍在桌子前仔細分析資料，討論如何根據眼前新出爐的資訊，採取下一週的行動。

在芝加哥公立學校系統，所謂資料指的是：從我們上次開完會之後，麥可有沒有準時來學校？他在各項課程的成績如何？這一週我們可以怎麼協助他？而在紐伯里波特，所謂資料指的是：虐待妮可的人在哪裡？他一直以來的生活狀況如何？這一週我們可以怎麼協助妮可？

上述的系統就是喬伊．麥康納所說「以學習爲目標的資料」。麥康納是拓展社會部門行動的專家，曾擔任過非營利組織和政府的管理階層，也曾在許多國家擔任各種運動顧問。麥康納把資料分成**「以學習爲目的」**和**「以鑑定爲目的」**兩種。用於鑑定的資料聽起來會像這樣：**史密斯，你沒有達到上一季的業績目標，有什麼狀況嗎？威廉斯，你的客戶滿意度在下降，公司無法接受這樣的表現。**

將資料用於鑑定的做法實在太普遍，以至於領導者有時會對其他的任何模式視而不見。麥康納表示，他爲社會部門的領導者提供諮詢服務時，會先問對方：「你們有多重視資料和指標？」不過回答難以令人滿意：「我從來沒聽到『建立對前線人員實用的資料系統非常重要』之類的回答，從來沒有。問題是，這就是第一條準則！設計系統時，你應該思考：『老師要怎麼運用這份資料來改善班級表現？』『醫師和護理師要怎麼運用這份資料來改善對病患的照護？』『地方社區可以如何運用這些資訊？』卻沒有多少系統是這樣設計的。」

麥康納認爲，團隊若要達到最佳成效，就必須擁有清楚且具吸引力的目標，並有可用且即時的數據流來衡量進度，接著就只要……自由發揮。例如智遊網的問題是有兩千萬通不必要的電話，而這個案例其實體現了一種模式。首先，跨功能的團隊眼前有了明確的目標：協助顧客省下打客服電話的小麻煩，這是很重要也具有挑戰性的目標；接著團隊基本上被鎖在同一個空間，運用定期更新的數據來審視客服電話數量增加或減少。接著團隊成員會提出假設並進行測試，觀察哪些做法可行，這就是所謂「以學習爲目的」的資料運用。這個團隊不需要老闆站在面前大喊：「明天之前，我們要讓客服電話量減少四％！」

團隊成員會督促彼此善盡職責，資訊則有助於成員維持坦誠和積極的態度。儘管要讓資料能爲前線人員所用是很艱難的任務，但有時除非把具體的資訊當做行動的基礎，才能開啓通往重大問題解決方案的途徑。

徹底解決遊民問題的城市

二〇一四年，時任伊利諾州羅克福德市市長的賴瑞．莫瑞賽接受同僚提出的「市長挑戰」，這項由聯邦政府推行的活動，旨在終結全國各地退役軍人無家可歸的問題。當時莫瑞賽的市長任期即將進入第三任期的一半，而他早在初次上任（也就是九年前）時，就已著手處理這項問題。

遊民問題有部分可歸咎於羅克福德市的經濟狀況。二〇一三年，《華盛頓郵報》的文章把這座位在芝加哥西北方約一四五公里的城市描寫成一片蕭條：「羅克福德曾是繁榮的噴霧器和電動鐵捲門控制器製造中心，現在卻淪爲全國溺水屋（underwater home）問題最嚴重的城市，市區有三二%的房屋市值已低於當初的貸款金額——也就是變成溺水屋。」莫瑞賽深受其害，他貸款購入的房屋現在也成了溺水屋。

自二〇〇七年的金融海嘯後，羅克福德的人口就不斷減少（二〇一八年時，大約只剩十五萬人），許多人都爲了追求更好的機會而離開。「整個城市形成一種共依存的狀態。」莫瑞賽指出。「我們都對平庸上癮、對失敗習以爲常。我們這個群體和因成癮而結合的家庭有很多相似的特點，常常互相指責、彼此怪罪。」在莫瑞賽眼裡，遊民問題就是這種失敗主義的象徵，是「因爲累積太多錯誤而產生的引爆點」。

儘管莫瑞賽深知部分市民無家可歸是項重大議題，但是當有人要求他接受挑戰並做出保證時，他卻持懷疑態度：「這十年來，我一直在試著解決遊民問題。在第一屆任期，我們研擬出一套終結遊民問題的十年計畫，但還沒達成目標。如果非要評價的話，問題說不定還變得更嚴重……我們到底能改變什麼呢？」

二〇一五年初，莫瑞賽在猶豫之下做出了保證，並同意和一些任職於社服單位的同事一起去芝加哥參加訓練課程。這場訓練是由聯邦住房及城市發展部（簡稱「住房部」）主辦，莫瑞賽則是全場唯一一位市長。

他和同事並沒有期望能從中獲得什麼顛覆性的啓發，畢竟這是聯邦機關主辦的工作坊。沒想到，這次課程卻成了解決羅克福德遊民問題行動的轉捩點。原因很簡單，莫瑞賽終於理解市府過去爲何會失敗。「腦中的燈泡突然亮了，」他說，「我終於釐清缺少的一塊到底是什麼。」

不到一年後，二〇一五年十二月十五日，羅克福德成爲美國首座有效終結當地退役軍人無家可歸問題的城市。在遊民問題上蹉跎九年後，這座城市是怎麼突飛猛進、用不到一年的時間大獲成功的？

第一個改變是心理層面。羅克福德的社區服務總監珍妮佛．耶格是解決遊民問題行動的主要領導者之一，她把心態轉變的時刻形容爲「『我相信有小精靈』的那一刻」。耶格表示。

「首要步驟就是相信自己能做到。這並不簡單，這是很巨大的心態轉變。現在的重點其實不是處理問題，但我們一直以來都是抱持這種心態。我們得終結問題。」

二〇一八年秋季，我和耶格約在羅克福德市政府的民政大樓會面。她單調無窗的辦公室空間很大，且形狀奇特，就像一塊邊緣凹凸不平的拼圖，而拼圖邊緣的凸起處有一疊白色的小盒子——裡頭是數百個低水壓蓮蓬頭，這些是要分配給低收入民眾的節能工具零組件，而且顯然沒有其他地方可以存放。如果要為上游行動設計一張招募海報，可以把耶格堆滿蓮蓬頭的辦公室當成主題，再搭配上標語：**如果你追求的是光鮮亮麗，還是回下游去吧**。

完成住房部的訓練後，羅克福德團隊在解決退役軍人遊民問題的過程中，在三個關鍵層面上有所轉變：策略、合作方式和資訊。改變策略是為了採納「住房優先」的做法。在過去，取得住房機會就像掛在遊民面前的紅蘿蔔，鼓勵他們接受藥物濫用治療、心理疾病治療或職業訓練以解決自己的問題。背後的概念是要求無家可歸的人用自己的力量爭取住屋。

「住房優先」則翻轉了上述順序：幫助遊民盡快有房可住應該是第一步驟，而不是最後一步。耶格說：「於是我不再把這些人當成『遊民』，而是沒有房子的人。所謂的遊民，追根究柢就只是沒有房子的人，他們遇到的問題和有房可住的人一樣……只是有房子的人能馬上開始處理其他問題。」

讓資料自己開口說話

隨著「住房優先」策略而來的，是合作方式的轉變，採用的方式稱爲「協調入口」。市政府有多種選項可提供住屋給無家可歸的人，包括支援性住宅、過渡性住房、庇護所等等，而平常與這些人互動的機構類型也有很多種。各位不如想像成一間擁有七個不同櫃檯的飯店，每個櫃檯都各有政策，規定哪些對象可以訂房，又能住多久之類的。據耶格的同事安琪．沃客的說法，這就是一套雜亂無章的系統：「每個人只顧著在自己想要的時間接收自己想接收的對象。」

至於現在，沃客說：「我們這裡就是單一窗口。如果你現在無家可歸，需要一個可以生活的空間，就來這裡尋求協助。」協調入口的優勢在於前線人員可以仔細評估想取得住房的對象，也可以決定優先順序。在雜亂無章的系統中，取得住房的對象通常都是率先提出要求的人——更糟的狀況是，這些對象是最容易安置的一群人。由於組織獲得的獎勵多半依安置的人數而定，他們自然會刻意挑選最不麻煩的對象來安置。

因此，現在新的要求是：先安置最脆弱的一群人，也就是最迫切需要住宅的對象。而這時候就需要做出最後一項改變——資訊的轉變。先前，羅克福德的住房安置團隊每年會執行一次「任意時間點」的遊民人口統計，以符合住房部的規定。統計方法是在選定的那一天採訪區域內所有遊民收容所，並且計算收容人數。「根本沒有人會走到街上，實際數算有多少人露宿街頭。」沃客如此表示，於是她在接下統計的工作後，解決了這個問題：統計從一年一次在「任意時間點」執行的數人頭作業，進化成「以姓名建立清單」。

這份清單是對羅克福德地區所有遊民進行的即時統計，在Google文件中依姓名列表，其中記錄的資訊包括統計對象的經歷、健康狀況，和上一次的目擊地點。令人意外的是，名單應用的方法竟與紐伯里波特的高家暴風險團隊不謀而合：羅克福德的合作者（包括退伍軍人事務部代表、消防部門、醫療與心理治療體系、社福機關）每個月都會舉行一到兩次會議，好好討論遊民問題，並在會議中針對名單上的特定對象進行討論。

安琪．沃客說明她通常是怎麼在會議上開場的：「我會說：『約翰．史密斯，今年三十二歲，聲稱自己因家暴離家。上次他說自己和朋友在一起，在場的人最近有看到約翰．史密斯嗎？』」這時消防部門可能會說：「喔，我們上個星期把他送到醫院了，所以他可能還在住院。」接下來心理治療團隊可能會說：「不過兩天前我有在橋下看到約翰。」而當地遊民庇護所「木匠之家」的工作人員也許會補充：「這幾天約翰有來領午餐。」最後，團隊會研擬出一套計畫：「好的，木匠之家，你們應該是最常看到他的人。可以請你們注意一下他的狀況，找出他待在哪裡和需要什麼嗎？另外也請讓他知道，只要他準備好了，我們可以提供住處給他。」

其實過去就舉行過這類會議，但名單的運用卻徹底革新了會議的進行。市長莫瑞賽指出，過去的會議一直是「抱怨大會」，「大家圍成一圈，然後不停說著哪裡出了問題。」珍妮佛．耶格則如此形容會議：「現在的氣氛很活躍。資訊本身感覺就像是某種活生生的生物，因爲它不但會說話，而且是對我們說話：『你們必須關注這一點，你們必須想想這一點。』」

只是改變了合作方式，問題就化解

貝絲．桑鐸是「歸零建設運動」（Built for Zero）的發起人，這項全國性計畫的宗旨是協助社區終結遊民問題。她指出，只要社區開始以上述方法運用資訊，就足以帶來變革：這些資訊會帶你脫離哲學面的觀察，也遠離因大家對現況的想像不同而產生的爭論，讓你能面對眞正的現況。你不可能用靜態的資料去解決動態的問題。

順帶一提，羅克福德市是超過六十個加入「歸零建設運動」的行政區之一。羅克福德採用上述流程後，在二〇一五年安置了一五六名退役軍人，後來更達成所謂的「功能性歸零」（functional zero）。所謂的功能性歸零，指的是在街頭的遊民人數，低於該城市每個月的住房安置數。舉例來說，假設一座城市每個月有能力安置五名無家者到固定住處，但社區中只有四人流落街頭，就表示這座城市仍然維持「功能性歸零」。這個概念並不是在鑽漏洞，只是要確認「眞正歸零」有實現的可能；至少目前是如此，畢竟將來還是可能會有人不幸流落街頭。重點在於，即便有新的遊民出現，這座城市仍可以迅速安置這些人口，因爲這套體制確實有效。

二〇一七年，羅克福德實現了長期無家者的功能性歸零，而且他們希望能在二〇一九年底達到青年無家者功能性歸零的里程碑。這太了不起了，眞的，看看這座城市經歷了多大的改變，再想想它所有的條件幾乎都和以前一樣。維持不變的條件包括：參與解決遊民問題的人員、可運用的資源，以及這座城市的大環境。只不過是改變了合作的方式，改變了引導衆人合作的方針，行動就因此發揮出絕佳效果。

沃客坦言：「每一天都很辛苦，安置作業很辛苦，面對房東也很辛苦，有時候還會和客戶吵架，和不同的機關吵架。這簡直是苦戰，眞的是……你看過大家常常用的那張圖嗎？就是有個人要一直把石頭推到山頂？我的每一天都像這樣，但如果是爲了終結無家可歸的問題，這一切好像就値得了。」

沃客和耶格接著開始著手處理「流入」的問題，也就是要減少變成遊民的人數。這是很棘手的事，原因可想而知，不過他們已經鎖定了關鍵施力點：租屋收回。在羅克福德部分社區，租屋收回率高達二四％。二〇一九年初，羅克福德市政府推動試行計畫，在發生緊急租屋收回事件時，由政府擔任租客和房東間的調解人。在某些案例中，市政府會爲租客和房東協調新的租金支付計畫；有時市政府也會替租客支付租金，畢竟一、兩個月的租金支出，比重新安置無家者更符合經濟效益。耶格的報告指出，試行計畫已讓因租屋收回而無家可歸的人口減少了三成。

羅克福德正在往更上游邁進：他們追求的不是快速採取行動，好服務無家可歸的人，而是努力讓更多人持續住在原本的住所。這就是改變制度的絕佳例子，也是我們接下來要探討的主題：我們有辦法經由學習重新設計機制嗎？而在重新設計的過程中，我們能否盡量讓這個問題在將來根本不會發生？

第5章 如何改變制度？

一九八五年，從小在加拿大蒙特婁長大的安東尼·依頓來到巴爾的摩，就讀約翰·霍普金斯大學醫學院，立志成為外科醫師。然而當依頓第一次踏上巴爾的摩時，卻看到了改變他一生的景象：東巴爾的摩殘破的住宅區。

「我還以為有人在這裡丟了炸彈。」依頓提到，「居民兩眼無神地坐在家門前的階梯上，我心想：『到底發生了什麼事？』」依頓是非裔加拿大人，過去在母國，從沒看過黑人的處境像巴爾的摩居民一樣。

「後來有位高年級的黑人學長帶著我認識環境。看到我露出一臉震驚的表情，就問我怎麼了。」依頓重述當時的情況。「我問他：『這裡發生過戰爭嗎？』他邊用輕蔑的眼神看著我，邊說：『你在期待什麼？內城⑤就是這樣。』」

依頓不敢相信美國人竟用這樣滿不在乎的態度看待都市貧窮問題，他直言：「最先進國家怎麼可能會有這種事？這個國家自稱在各方面都是世界第一，還自詡是世界上最偉大的國家，但我看到的是怎麼回事？完全無法理解。這對我的良心是一大打擊。」

不是缺乏治療，而是缺乏健康

多年後的二〇〇三年，這股不公義的感受再次找上依頓。他在這幾年裡取得了醫學學位，也在加州大學柏克萊分校取得法律學位和公衛碩士學位。後來，他接下加州阿拉米達郡衛生部長一職，漸漸開始對該郡人口的平均壽命產生興趣。儘管多數的公衛部門都會公布平均壽命的相關資料，但通常都是以地區性摘要的方式統計，也就是計算整個阿拉米達郡的所有居民。然而依頓和同僚感興趣的是更精準的資料：追蹤**各社區**的平均壽命。他的靈感來源？「東巴爾的摩，」他說，「看過那裡的狀況後，我深深覺得，**沒有人能說服我這（環境）對民眾的健康沒有影響。**」

5 inner，美國人委婉指稱低收入區域的說法。

在依頓之前任職的衛生部長全都沒進行過這類分析，但他明白自己需要的資料唾手可得，因爲相關資料都記錄在國家發出的死亡證明：種族、死亡年齡、死因、居住地。而依頓的職責之一，就是簽署類似證明文件。「沒有我的簽名，誰都不能死。」他開玩笑地說。

分析結果相當驚人：二〇〇九年，在依頓的同事麥特・貝耶協助下，作家蘇珊・波罕和珊蒂・克雷夫曼將分析結果編輯成一系列文章，命名爲「壽命縮減」，並刊載在《東灣時報》（*East Bay Times*）。舉例來說，在康特拉科斯塔郡的核桃溪市這一區，平均壽命是八七・四歲；至於附近的奧克蘭社區索布蘭特公園這一區，平均壽命則驟降至七一・二歲。依頓的團隊發現，距離不過約三十五公里的兩個地區，平均壽命竟有十六年的差異。

彙整了相關資料的其他都市，也呈現出相同的模式，包括巴爾的摩、明尼亞波利斯、洛杉磯……在克里夫蘭，只要從夏克海茨社區步行大約一個半小時，就能抵達約莫六公里之外的鮑德溫淨水廠（Baldwin Water Treatment Plant），而就在橫跨這段距離的過程中，二十三年的平均壽命消失了。「這簡直就像是瑞典和阿富汗存在於同一座城市。」依頓如此形容。

眞正讓依頓感興趣的，不是似乎沒人能解釋這些落差；事實上，不少人認爲關鍵問題一定在於醫療機會——也許平均壽命較短的人並沒有保險，或是只有較差的醫療選擇。然而資料分析結果顯示，醫療機會只是造成落差的一小部分原因。也許是因爲較貧窮地區的居民更容易死於愛滋病或凶殺案？也許是因爲嬰兒死亡率比較高？很不幸的，以上三種理論都沒錯，然而，再強調一次，這些仍然只是造成落差的一小部分原因。就連比較大的影響因子，例如不健康的行爲（尤其是吸菸率偏高），也無法充分解釋爲什麼會造成這種結果。就像「瑞典與阿富汗」這個比喻所暗示的，十五到二十年的平均壽命差不可小覷，你不可能把這個現象歸咎於一些細小的因素，一定是大規模、制度性的力量，才有可能導致這種差異。

依頓意識到，並不是單一特定的原因導致平均壽命出現落差，而是**所有原因**。他在廣播節目的訪談中提到：「追根究柢，導致人們生病和覺得自己生病的元凶，就是『缺乏控制感』。他們根本就是坐困圍城。難以找到住處、獲得良好教育、避免犯罪事件，而且找不到工作、健康的食物，有時候甚至連瓶裝飲用水都找不到。在這個國家，低收入人口不得不同時處理一大堆問題。」

長期分身乏術的結果就是壓力，讓這些低收入社區有如「長期壓力的溫床」，依頓在TEDx演講中如此形容。「低收入族群和高收入族群的心態不一樣，並不是因爲他們天生如此，而是我們迫使他們變成這樣。」已有諸多證據顯示，長期壓力和各種健康問題之間有相關性，包括心血管疾病、糖尿病和發炎。

這正是醫療體系對於彌補平均壽命落差無能爲力的原因。問題並不在於缺乏治療，而是缺乏健康。別忘了，「每種體制的設計都會徹底反映在最後產生的結果上」，這些社區就是被設計成導致早死的體制。

對依頓而言，以上的體悟實在難以接受：身爲醫師和公衛官員，他一直以來透過訓練所學會使用的工具，其實都不足以解決眼前的問題。究竟要如何重塑一套無法挽救、漏洞百出的制度？

勵志故事背後，其實是不得不的選擇？

一九六二年，美國職棒球季即將邁入尾聲，舊金山巨人隊正準備在關鍵的三連戰系列賽中迎戰客隊洛杉磯道奇隊。當時道奇隊在盜壘王莫里·威爾斯的領導下，勝場數領先巨人隊五·五場。在系列賽開打前，巨人隊的經理找上球場管理主管麥提·施瓦博，問他有沒有辦法（眨眼示意）讓威爾斯的速度慢下來。

根據諾爾·海德在雜誌《運動畫刊》（*Sports Illustrated*）引述的內容，麥提的兒子傑瑞表示：「系列賽開打的那天凌晨，我和爸爸跑去燭臺球場（Candlestick），打算安裝一個減速機關。」海德在文章中描寫了後續狀況：

> 靠著手電筒的光線，施瓦博父子除了挖威爾斯從一壘起跑時會踩到的表土，並用

一團溼軟的沙子、泥煤苔和水的混合物取代，接著再用一點普通的場內紅土覆蓋在陷阱上，讓這塊泥濘看起來和其他跑壘路徑沒什麼兩樣。

道奇隊並沒有落入陷阱，全隊開始打擊練習時，球員和教練都注意到那塊有如流沙的紅土，就連主審也發現了，於是主審下令挖除。施瓦博和球場管理員推著手推車出現，挖出混合物後，隨即推著滿載的推車撤退。

然而那塊土還是同一團泥濘，他們只是混入了一些新的泥土，反而使混合物更加鬆軟。無論如何，主審對此感到很滿意，於是麥提．施瓦博派兒子在球場撒水，而且是大量的水。最後當球賽開打時，一壘和二壘間簡直就是一片沼澤（有位洛杉磯運動專欄作家惱怒地寫道：「他們甚至在二壘下方找到兩顆鮑魚！」）。在這個球季有望成爲最有價值球員（MVP）的莫里．威爾斯一個壘包都沒盜成，他的隊友也同樣無功而返，巨人隊則以十一比二大勝。無比滿意的施瓦博父子繼續製造更多泥濘陷阱，後來巨人隊橫掃道奇隊，並繼續取得勝場數，最後躍升成爲國家聯盟⑥冠軍。

這則故事讓人不得不敬佩，又覺得有點淘氣——我的意思是，這當然確確實實是作弊行爲，卻是很厚臉皮的作弊。光是想到球場管理主管父子檔惡整國聯MVP，就令人忍不住想笑。弱者贏了，他們把自家主場球隊的勝率往上推了一把。

現在，請想像一下這則故事的《黑鏡》（*black-mirror*）⑦版本：在運動圈之外，弱勢族群才是輸家，而且一而再、再而三地輸，因為比賽就是個要讓他們輸的圈套。弱勢族群的球棒比較沉重、手套比較窄小，全壘打牆也被往後推，而不論往哪一個方向跑，他們腳下的紅土都是一團稀泥。東尼．依頓針對各分區進行分析的結果，基本上就是這麼一回事：特定社區居民的勝率被壓得太低，以致他們毫無獲勝的可能。

當然，凡事總有例外：即使在平均壽命偏低的地區，還是有健康的人；而在健康的社區中，也會有生病的人。只要有大量的努力和支援，個人確實有可能克服劣勢環境，就像我們每年都會看到諸如弱勢青少年錄取哈佛大學這類勵志故事，並為這些孩子感到開心。但我們這樣對嗎？

「每年看到那種故事，我都會很煩躁。」依頓表示，「內城裡當然有聰明的有色人種孩子！至少有幾百萬人吧，但我們卻只稱讚故事裡的這個孩子。沒錯，他確實值得稱讚，但我們並沒有問對問題：為什麼這種故事這麼罕見？」

制度就像一部決定機率的機器。在制度設計最良好的系統中（例如那些平均壽命最高的社區），機率對你出奇地有利，就像玩俄羅斯輪盤時，只要球落在紅色方格裡，就是你贏；就算落在黑色方格裡，還是你贏。不過在充滿瑕疵的系統裡（就像那些環境最糟糕的社區），雖然你還是可以玩俄羅斯輪盤，還是有選擇和機會，除非白球滾進輪盤裡唯一的綠色方格，否則無法獲勝。

當我們覺得錄取哈佛的內城孩子很了不起時，其實是在稱讚他戰勝了機率。然而我們卻沒有意識到，對這個孩子的讚美，也同時暗示著我們迫使他身處並不理想的環境裡。**我們強迫他必須征服聖母峰，才能成爲人生贏家——結果他眞的做到了！眞是値得恭喜！**如果故事發生在高收入社區、錄取哈佛大學的是某避險基金管理人的小孩，應該沒有人會因爲讀到這則故事而眼眶泛淚。

6 National League，簡稱「國聯」，是美國職棒組織之一，與美國聯盟合稱「大聯盟」。一九〇二年底與美國聯盟召開會議，統一賽制、規則與管理機制後，於隔年開始舉辦「世界大賽」，由兩聯盟的冠軍球隊爭奪年度總冠軍。

7 《黑鏡》是在串流平臺網飛（Netflix）播出的英國獨立單元劇，劇情在在探討人性黑暗面與科技衝擊。編劇暨製作人查理．布魯克表示，「黑鏡」其實就是人人隨處可見的東西：電視、顯示器、手機。一旦關閉電源，它們就像黑色的鏡子，令人感到冰冷、畏懼。

良好的制度就是最好的上游行動

上游行動的目標就是要降低問題發生的機率。因此，行動必須能夠促成制度上的改變。因爲制度就是種種機率的源頭；改變制度，就是改變規範的法則或影響衆人的文化。

作家大衛．福斯特．華萊士的作品《這是水》中有一則故事：「有兩條年輕的魚在游泳，恰巧遇到一尾正要去別處的年長魚。年長的魚對牠們點點頭打了招呼：『早安，孩子們，今天的水怎樣啊？』兩條年輕的魚又往前游了一陣子，其中一條終於忍不住了，看向同伴問道：『水到底是什麼東西？』」

制度就像水——有時候眞的就是水。數十年來，美國政府一直在社區用水加入少量氟化物，好用來預防蛀牙。這是一項隱形計畫（你上一次想到水中的氟化物是什麼時候？），但後續的影響卻十分龐大。美國有超過兩億人口在使用含氟水，而這項計畫的成效好到疾病管制與預防中心號稱這是二十世紀十大公衛成就之一。根據研究統計，每花費一美元在飲水加氟上，整個國家就能省下二十美元的牙科診療費用，而且還未計入因減少看牙次數所緩解的焦慮感。本著上游思維的精神，我想建議各位採用「搶先式笑氣」療法，並在看牙前二十四小時前施行……

設計良好的制度就是最理想的上游措施。以汽車安全爲例，一九六七年時，每累積一億公里車程，就有五人因車禍身亡。五十年後，由於酒駕減少、路況改善、安全帶和安全氣囊問世，以及煞車技術進步，統計數字下降至每一億公里車程僅有一人死亡。這套制度經過明顯的改善，但背後並沒有核心策畫者，也沒有所謂的「制度設計師」——其實是數千人的努力，包括汽車安全專家、交通工程師和「母親反酒駕組織」志工，讓數以百萬計的用路人更加安全。這群人改變了「水」的型態。

而且他們的行動還在持續。儘管已有明顯的成效，美國每年仍有超過三萬七千人死於車禍。將來某一天，自駕車也許能讓車禍死亡人數趨近於零。但在此之前，還是需要進行無數次調整，才有辦法幫助脆弱的人類駕駛。針對容易發生意外的急轉彎處，交通部門開始採用「高摩擦表面處理法」，也就是將極粗糙的材質鋪設在現有道路上。在肯塔基州，由於這種處理法的普遍使用，車禍發生率因此下降將近八成。這些駕駛逃過了在平行時空可能會發生的車禍，但他們永遠都不會知道，自己能活下來，是因爲那些負責鋪設超粗糙路面的建設工人。「水」改變後，結果也會隨之改變。

當然，相同的邏輯也可以套用在商業領域——有時只要稍微改善環境，問題就會迎刃而解。在一些速食餐廳，顧客會把托盤丟進垃圾桶，餐廳的對應方式則是改用圓形、洞口較小的垃圾桶，讓顧客無法把托盤丟進去。問題解決，一勞永逸。

荷蘭的自行車品牌 VanMoof 經常接到投訴，因爲很多車在運送過程中受損。公司的創意總監貝克斯．拉德曾表示：「我們的自行車送達時，有太多看起來就像被聯合收割機絞成廢鐵般，這對公司來說是很昂貴的成本，對客戶而言更是惱人的大麻煩。」那麼這家公司的解決方案是什麼呢？他們開始在運送用的包裝盒側面印上液晶電視的圖片，因爲自行車和液晶電視包裝盒的外型非常類似。VanMoof的共同創辦人塔可．卡利向記者表示：「我們的團隊討論之後，推斷貨運業者一旦知道盒子裡有更高價的商品，應該就會更小心地處理包裹。」受損商品的比例於是下降了七成到八成。

你還沒在日常生活或職場中看到的「水」又是什麼呢？有趣的是，小孩通常看得到，他們能觀察到我們根本沒發現的事物。有位朋友告訴我，他看到年幼的女兒彎腰坐在一堆遊戲卡前，用食指在卡片上來回游移，有時還會戳一戳卡片。起初他感到很疑惑，直到他發現女兒在模仿爸爸使用手機的樣子。「那時候我才意識到，也許自己花了太多時間在手機上。」他這麼說。另一位父親則在網路上分享，當他行駛在州際公路上時，兩歲半的孩子從後座開口問：「爸爸，今天有遇到白痴嗎？」孩子總是能看見我們眞實的一面。

當然，小孩也不是什麼都觀察得到，對孩子來說，我們就是制度設計師：是司法體系、是住宅管理部、是社福機構，也是教育體系（至少有一段時間如此）。就如同前面所提到的，教養小孩是人類自然發揮上游思維的罕見例外：身爲父母所做的一切，幾乎都是考量到孩子未來的幸福和健康：從防止兒童誤觸的設計、要求孩子說出「請」、各種書籍、規則和課程，一直到讓孩子對沒有發光螢幕的東西產生興趣的徒勞嘗試，全都是上游行動。

如果我們能把這樣的關心分一半給鄰居小孩和他們的未來，世界會變得怎麼樣呢？

制度的兩難

不該有任何孩子必須等到白球掉進輪盤的綠色格子，才能擁有美好人生；公平正義的社會必須建立在同樣公平正義的制度之上。儘管這個道理看似顯而易見，但有時就連為此奮鬥的人也會忘記這一點。悲哀的是，社福部門的工作之所以如此繁重，是因爲領導者默默接受了有瑕疵的制度，也才會衍生出這麼多工作。我曾在多年前和一家基金會的領導階層合作，他們的目標是提升低收入人口的財務安全。基金會所支援的其中一項計畫是爲低收入民眾提供財務指導；不過我在這裡必須澄清一下，他們協助的對象之所以貧窮，並不是因爲缺乏理財知識，而是因爲缺錢。這些人就是因制度無法提供公平機會而出現的犧牲者。如果他們出生在比較良好的環境中，例如幾公里以外的富裕社區，他們所賺取的收入就很有可能足以彌補欠佳的理財技能。

在此同時，當你追蹤這個基金會的現金流——首先，基金會的投資管理人每年可能會收取一％到二％的投資組合管理費；接著，管理高層會拿走六位數美元的年薪；然後再發放薪資給撥款管理人、管理教學設施的人員、講師，以及評估整個計畫是否有效的學術人員⋯⋯最後，我們會發現令人震驚的事實：整個體系裡的每個人都獲得了收入，除了那些低收入人口，他們只得到財務指導。

如果從制度變革的角度來看待這項計畫，我們就會發現：儘管計畫是爲了解決不平等問題而推動，但從某些角度來看，計畫本身卻助長不平等，因爲其中提供的美好工作機會是專爲抱持善意且受過良好教育的領導階層設計，而不是原本要服務的對象。我常常在想，如果直接撤掉這家基金會，然後走到收入最低的社區發現金，會不會其實比較簡單、明顯，且更有效？當然，這種做法並不是制度變革，但至少能確實對「低收入人口的財務安全」造成影響。

「贊助者選擇」（DonorsChoose）是一個募資平臺，讓教師有機會向群眾募集資金，以購買教學用品、電腦、書籍或其他教材。這個營運良好且成效亮眼的非營利組織是由一位教師所創立，成立至今二十年來，已協助超過五十萬名教師募得高達八．七五億美元，好添購他們在課堂上缺乏的資源（我曾多次在該平臺贊助這些教師的專案，也曾在該組織的活動中發表演說）。想像一下，如果該組織繼續快速成長，從現在開始的二十年內，它所協助的教師人數也越來越多（甚至絕大多數的教室都曾獲得贊助），這時該怎麼避免以下的後果：學區有理由不提供經費，好讓教師購足需要的用品，導致已過勞的教師不得不將募資當成工作的一部分；並賦予私人贊助者權利，決定哪些資源可用於教學，並視情況給予或收回經費。其他國家並沒有類似的組織，或許是因為學校願意負擔學生相關用品的經費。

「贊助者選擇」應該要因為擔憂自身促成不公義的制度，而自行停止營運嗎？基於相同的邏輯，我們應該因為食物銀行延續了失能的社會安全網，而批評這些組織嗎？在等待不知何時才會成眞的改革時，從當前有急迫需求的家庭手中收回食物，或是停止供應學生所需的用品，似乎不是很公平的做法。

對於千瘡百孔又經費不足的教育體系而言，「贊助者選擇」就像拐杖——固然重要，卻不是長久之計。這個團隊應該追求的，是一個不需要它的世界；同樣的，食物銀行的志工也應該把「沒有食物銀行的世界」當做最迫切的目標。他們不能只是盼望這樣的未來，而要推動這樣的願景。根據統計，「贊助者選擇」約有四百萬名支持者、五十萬名教師和三千六百萬名學生參與其中，如果這些參與者能動員成一股政治勢力呢？這樣不就能幫助改革制度，而不只是想辦法彌補制度的漏洞了？

我向創辦人查爾斯．貝斯特提出這些問題。他指出，網站上大約有一半的提案內容「超出了教育體系可提供經費的範圍」，包括去最高法院旁聽的校外教學、體現生命週期的蝴蝶蛹、為身障學生提供馬術治療等等。他也同意，如果是較基本的需求（書籍、用品、設備），「我們也很希望這個組織不必再派上用場」。但願如此。

每一個社福組織都應該將部分目標再往上游調整，在避免造成傷害的同時，也盡力療傷；在消除不公義的同時，也爲受害者提供協助。這就是爲何伊利諾州的羅克福德市（首座解決退役軍人與長期遊民問題的都市）選擇立刻往上游移動：我們有辦法透過避免房東收回出租的房屋，預防民衆變得無家可歸嗎？

變革方程式

在組織**內部**推動制度變革，和從外部進行一樣重要。舉例來說，很多組織都有計畫聘僱更多元的人力。但首先，你必須了解：大型組織內部如果充滿了同質性相對較高的員工，這樣的員工組成絕非偶然。請務必切記這句話：「每種體制的設計都會徹底反映在最後產生的結果上。」

我並非指涉這些聘僱制度刻意設計成帶有歧視，畢竟在這個時代，已沒有多少組織領導者會**反對**多元，但光有良好的出發點，無法戰勝糟糕的制度。就像在芝加哥公立學校系統，沒有任何老師或行政人員**反對**提高畢業率。事實上正好相反。儘管如此，多年來他們還是在不知不覺中爲這個當掉半數學生的制度服務。

所以待解的謎題其實是：如果組織中大多數的成員都願意僱用更多元的員工，爲什麼沒辦法做到？

答案有可能非常複雜：招募人才時，我們撒網的那座池塘可能比想像中還淺；或是組織所重視的特定條件限制了求職者的類型，但那項條件其實和工作表現沒有太多相關性；又或者因爲自己完全沒察覺到的偏見，而過濾了部分求職者。

要解決這些問題，都要從制度面著手，而不是個人。推動組織內部改革的人，必須從各角度重新思考這套設計不良的制度：也許每年都在不同的十所大學辦理招募活動；也許徵選時應該先遮住履歷表上的應徵者姓名和性別；也許應該訓練管理階層學習更專業的面試技巧，以免讓面試對談淪爲閒聊時間，這會導致我們偏好「討人喜歡」的求職者；換句話說，就是和我們很像的人。

制度變革始於燃起勇氣的瞬間，讓一群人爲了共同目標、團結在一起追求改變。但是單靠火種無法永遠持續下去，所以最後一個階段就是要徹底消除對勇氣的需求，讓鼓起勇氣變得不再必要，因爲制度內的變革已經促成。當正確的事**自然而然**發生，而不是靠著個人的熱情或英雄主義，這才稱得上是成功。

當勝率重新分配，才能叫做成功。

這正是東尼·依頓腦中推算的變革方程式，他必須衡量，當團隊藉由分析社區資料發現不公平之後，該採取什麼行動；畢竟這項令人震驚的發現，意味著社區對個人健康的影響更甚於基因密碼。二〇〇九年，也就是報紙推出平均壽命差異系列報導的同年，依頓獲得為解決這項問題盡一分心力的機會：他加入美國最大的私人健康基金會「加州基金會」，並協助建立與帶領目標遠大的計畫「健康社區營造」（Building Healthy Communities, BHC）。該計畫從二〇一〇年開始推行，長達十年、經費高達十億美元，目標是在加州條件最差的十四個社區解決健康不平等的問題。

依頓和他的團隊提出了什麼方法，好翻轉這些貧窮社區的命運？他們會先把焦點放在處理如糖尿病或氣喘之類的慢性病嗎？還是打造像是社區花園這樣明顯的健康象徵？又或是鼓勵日用品商店販售種類豐富且健康的食物？

都不是，他們的願景是從**權力**開始：讓這些社區的居民知道如何為自己爭取權利、重新改造周遭環境。

「這項計畫的概念就是，你是超越個人的群體一分子。」依頓如此表示。「你並非毫無奧援，而是有許多個人和集體力量可以運用……實質參與民主程序，讓你得以展現出主動性，而主動性對你的健康有益。」

團隊所提出的改變理論是，如果你賦予眾人權力去爭取自己的利益，他們就能在政策上取得勝利（意即改變制度），也就能一點一滴地改造生活環境，讓勝利往自己這邊站一點。加州的弗雷斯諾郡是接受該計畫資助的十四個社區之一，初期計畫的重點放在解決該郡南部缺乏公園的問題。二〇一五年，他們出資在市內的公車掛上一則廣告，在這則橫幅廣告中，一位小女孩的臉在畫面中央，左右兩側分別寫出弗雷斯諾郡南北部居民所分配到的公園面積：北部每一千位居民所享有的綠地面積是四．六二英畝（約一八七公畝），但南部每一千位居民卻只分配到一．〇二英畝（約四一．二公畝）。南部缺乏綠地的問題一看便知。

結果市行政官⑧予以否決，因為他認為太政治化，沒想到反而引起媒體一陣騷動和大眾的興趣，這便是這則廣告要達到的效果。在記者會上，弗雷斯諾健康社區營造的成員珊卓．克萊登在遭到否決的廣告版本前現身，並說：「弗雷斯諾市政府認為我身後的圖文——這則有可愛小女孩的廣告，太具爭議性，也太過政治化，所以不該讓各位看見。」

弗雷斯諾健康社區營造所領導的政治行動漸漸開花結果；二〇一五年，市議會同意研擬新的「公園總體計畫」，這是邁向更平等分配資源的第一步。接著在二〇一六年，團隊協助打造全新的滑板公園，而弗雷斯諾學區也同意開放十六所學校的遊樂設施供大眾在非上課時間使用。到了二〇一八年，市議會又核准一項措施，允許將大約七．三公頃的土地改建為巨大的足球公園。

---

8 city manager，是由市議會任命的官員，負責平常市政府的運作和執行法規，並對市議會負責。

弗雷斯諾健康社區營造成功推動的另一項變革，源自州政府的「氣候變遷社區」（Transformative Climate Communities, TCC）計畫。在加州，州政府所推出的削減溫室氣體計畫允許企業依碳交易法規購買空汙許可，而這筆錢則會透過氣候變遷社區計畫重新分配給因汙染而受到最多影響的社區。州政府同意給弗雷斯諾七千萬美元的補助款，但這筆經費的用途卻引發一些爭議。

前州議員及加州基金會通訊總監莎拉．萊斯指出，市政府想把所有的經費都用在加州正在興建的高速鐵路，但社區的意見是：「這樣不對。那筆錢應該分配給受汙染最嚴重且最弱勢的社區才對，你們怎麼可以把錢全部拿走？」

於是弗雷斯諾健康社區營造推動一系列公開會議，希望能催生出其他提案。經過漫長的政治抗爭，最後將超過一半的經費重新分配到弗雷斯諾西南部和中國城，其中有一六五〇萬美元用來讓弗雷斯諾城市學院建立衛星校園，還有五四〇萬美元用於打造「馬丁．路德．金恩磁心園區」（MLK Magnet Core Park）。

權力的增加帶來了政策上的勝利，再進而促成更理想的環境。弗雷斯諾的制度正在改變。

改變確實需要時間

二〇一九年四月，我花了一天的時間與珊卓．克萊登對談，也就是那位於記者會上站在遭禁廣告前的女士。克萊登向我介紹好幾位爲了改變社區而奮鬥、並勇於發聲的領導人物。比如說，有位律師親力親爲，監督惡名昭彰的達爾令煉脂廠（Darling rendering）遷移事宜，因爲原本的廠房距離公立學校不到兩公里；有青少年進行問卷調查，以協助重繪市公車路線圖，因爲對低收入社區而言，公車是不可或缺的交通手段；有倡議人士推動針對害蟲和黴菌叢生的貧民區房屋落實執法，因爲出租這些房屋的房東看準了他們的移民房客（不論合法或非法）不會向主管機關申訴。

我也因此有機會認識劍橋高中的學生基宣．懷特，他在學區內多所學校裝設空氣品質監測器，因爲他正在研發能顯示各地點空氣品質的應用程式。「我想讓自己所在的社區民衆知道，他們生活在什麼樣的空氣品質之下，以及空氣品質不佳的生活環境對健康的長期影響。」懷特對《弗雷斯諾蜜蜂報》（*Fresno Bee*）的記者表示。懷特患有氣喘，這在空氣品質不佳的社區是很常見的健康問題，弗雷斯諾西南部就是一例。

健康社區營造團隊展現出這個組織確實有能力確保在政策上取得優勢，並改善如弗雷斯諾這類地區的環境。從二〇一〇年至二〇一八年，該組織在十四個社區中實現了三二一次政策上的勝利和四五一項制度變革。權力很有用。

「法律不過是一套根據權力來源所輸入的東西而制定的規則。」依頓指出。「如果你想改變規則，就必須改變權力所寫入的東西，如此一來就會有不同的結果。」

那麼，這一切行動是否足以改善居民的健康？別忘了，這可是行動的最終目標：開始削減駭人的平均壽命落差。目前我們還不知道答案，畢竟這些不良制度是經過數十年，甚至數世紀（一點都不誇張）累積而成，修正當然也需要這麼長的時間。然而大多數的機構並沒有數十年的耐心，基金會每幾年就需要撥款，而非營利組織平均每年都會流失二〇％的員工。

儘管如此，像倡議人士珊卓．克萊登一樣的人想得更遠。「美國花了五十年才有健保，而且最後讓它達標的，和當初帶著它站上起點的已經不是同一群人。許多人沒有機會看到這場行動最後的成果。」她深知自己的孩子（更有可能是孫子）才是因爲這些變革而受益的人。

不論我們的行動規模是大是小，是在組織內或橫跨不同社區，改革制度都需要時間，但這些變革是改善勝率最大的希望。克萊登和數百名有志一同的領導者，正在努力根除容易導致早死的制度、換一套新的，好大幅提升人們享有機會和健康的機率。

第6章 如何找到施力點？

希臘博學家阿基米德曾說：「給我夠長的槓桿和一個支點，我就能舉起地球。」對於推動變革的人來說，這是很激勵人心的名言。

事實上，如果你再細讀一次，就會發現這個槓桿和支點的要求實在是太高了。阿基米德眞正的意思其實是：**如果你能打造出讓我輕易搬移世界的制度，我就能移動世界！**好了，絕對不會有人把這句話印在咖啡杯上。當然，我的解讀對阿基米德不太公平，因爲從物理學的角度而言，這眞是一句很棒的話，不過我在這裡要針對的，是濫用勵志名言的那群人。

畢竟在複雜的制度中，要想避免問題發生，找到適合的槓桿和支點才是最困難的部分。在上一章，我們看到制度的權力和持續性有多龐大，而這就是爲何上游行動最終必須促成制度變革。同時，這種權力和持續性也是改革之所以困難的主因。那麼，追求制度變革該從哪裡開始？如果想展開的是可能長達數十年的行動，該採取什麼行動？這一章的主題就是在探討尋找施力點的過程。

沒有人知道哪一個才是正確答案

二〇〇八年，芝加哥深陷犯罪浪潮，當時任職於芝加哥大學的三人共同創立了「犯罪實驗室」（Crime Lab）：研究犯罪與槍枝暴力的經濟學家延斯．路德維希、該校公共政策教授哈羅德．波拉克，以及公衛專家蘿絲安娜．安德爾。他們的目標是建立一處以證據爲本的根據地，供政策制定者思考如何減少犯罪事件，也就是補足學術研究和公共政策之間的落差。簡單來說，他們正在尋找施力點。

路德維希對市政府打擊犯罪的緩慢進展不甚滿意。儘管人人都有「答案」——學校有答案、地方非營利組織有答案、政策制定者也有答案，但問題是，沒有人知道哪一個才是正確的，甚至沒有人能判斷**任何一方**的答案是否眞的正確，因爲幾乎沒有證據能證明哪種方法可有效預防暴力犯罪。

根據路德維希的說法，當時與市府高層及學術圈討論芝加哥暴力問題時，對方多半把焦點集中在幫派活動。衆人腦中會浮現影集《火線重案組》（*The Wire*）的場景，例如幫派世仇槍殺對方的老大之類的。如果從這樣的角度思考，暴力事件看起來就會像是蓄意，甚至是精心計畫的行動，也就是幫派爭權奪利下的產物。而犯罪實驗室的三位創辦人就是想檢驗這樣的「常識」（提醒：上游行動者必須謹慎看待常識，因爲常識很可能是證據的劣質替代品）。

波拉克、路德維希和安德爾接連研讀了兩百件謀殺案的驗屍報告（被害人皆爲年輕男性）。在研究檔案的過程中，他們確實發現一些「精心計畫的」幫派殺人案，但出乎他們意料之外的，是其中還有個更常見的模式：某天下午，兩群青少年發生爭執，因爲其中一群人懷疑另一群人裡的某個傢伙偷了他們的腳踏車。隨著爭吵越演越烈，遭到指控的少年爲了暫離是非而轉身走開，沒想到另一名少年因此覺得不受尊重，便掏出手槍從背後射殺了正要離開的少年。在另一個案例中，幾名男子正在打籃球，卻因爲一通電話發生口角，其中一人突然離開，回來時手上多了武器，最後導致一人死亡。

這些案件和幫派無關，背後也沒有任何精細的計畫，死亡更是毫無必要。這類狀況實在太常見，世界上任何一個角落的青少年群聚在一起，都會因微不足道的理由發生爭吵，像是腳踏車和籃球比賽。但是在芝加哥，這些少年有辦法拿到槍枝，而且眞的會開槍。

「我太常看到這些報導，並因此心想：『我無法相信竟然有人因爲這種事情死掉。』」公共政策教授波拉克說道。波拉克埋首研究後，提出了全新的心智模型，可以解釋爲何會發生暴力死亡事件。「我們可是芝加哥大學，所以一定要有方程式。」他表示，「我的基本方程式就是幾名年輕男性加上衝動性，也許再加上酒精，再加上槍枝，就會等於一具屍體。」

這些全都是潛在的施力點：減緩衝動性、降低酒精攝取，或是限制槍枝取得。於是下一個問題將是：你有辦法找出某種經合理推斷後，可達到以上其中一個目標的介入方式嗎？

於是犯罪實驗室舉辦了「創新挑戰賽」，邀請各方組織提出有助於減少年輕族群暴力事件的最佳提案。非營利組織「青少年指引協會」的提案內容十分耐人尋味——至少從表面上看來，好像跟解決暴力問題沒有什麼關聯，計畫名稱就叫做「成為男人」。

青少年不再抓狂的訓練課

這項計畫的提案人是充滿個人魅力的安東尼．拉米瑞茲—迪維托里歐，大家都叫他東尼．D。成長於芝加哥西南部的他，曾在《富比士》雜誌的訪談中表示：「我是生活在高風險環境中的好孩子。雙親離婚後，由媽媽負責扶養我，而且她必須靠著社會救濟金養活五個小孩。我在社區和家裡都看過很多暴力事件；就像我哥，只要一吸古柯鹼，就會嗨到一直踢窗戶，而我媽就會對著他大吼，最後他被逮捕。我的守護天使是我媽，她教導我正確的價值觀：尊重和善待他人。」

東尼．D是全家第一個上大學的孩子，他對心理學產生興趣，並在取得心理學學士學位後，繼續攻讀碩士。然而東尼．D人生中最重要的一課，卻是從私領域學到的。二十三歲時，他遇到了人生中第一位心靈導師，一位會挑戰他，也會支持他的武術老師。「我原本以爲自己是個男人，因爲我可以臥推一二五公斤，可以連抽三支大麻菸，可以整晚熬夜不睡。但他教我的是自我督促、集中和專注。」東尼．D說。

有了武術老師這位男性典範，東尼．D人生中的空洞被填滿了，也促使他開始尋找人生意義和自我認同。他加入了不畏懼苦思嚴肅問題的男性團體：成爲男人的定義是什麼？要如何克服童年創傷？正直地活著又是什麼意思？

這段自我探索期讓他感受到明確的使命感：他想爲年輕男性提供支援，就像自己曾獲得的一樣，並爲芝加哥和弱勢社區盡一分力，打破缺乏父親教養的惡性循環。後來東尼．D受雇於青少年指引協會，至於他的工作內容，實質上來說，就是在芝加哥的高中擔任生涯顧問。

東尼．D的職責理應是協助學生潤飾履歷與培養就業準備技能，但他卻忍不住做得比工作要求的更多：他開始邀請年輕人加入他的小組課程。至於誘因是什麼呢？他們一週可以蹺課一次。在初期課程中，東尼．D會帶領學生進行破冰活動，讓他們露出笑容，也讓他們對彼此感到自在。其中一項活動叫做「拳頭」（The Fist），學生兩人一組，每組的其中一人會拿到一顆球，而另一個人要做的事，就是在三十秒內搶走對方的球。由於所有人都在爭奪球的控制權，場面陷入一片混亂。三十秒過後，兩人互換角色，再展開第二輪混戰。

活動告一段落時，東尼．D會向大家提問：「怎麼都沒有人想到，可以直接請搭檔交出球？」起初，這些少年會嗤之以鼻：「他才不會交出來！」「他會覺得我在耍流氓！」這時東尼．D會反問：「如果搭檔好聲好氣地請你把球交出來，你會有什麼反應？」結果多數人都承認自己的想法會類似於「我應該會給他，不過就是一顆球嘛」。

東尼．D會在每一堂課開始前，進行名為「報到」的例行活動，也就是讓孩子們圍成一圈（一班通常是八到十人），並請他們一一對自己當天的狀態進行短暫的回顧，包括生理、情緒、理智和心靈層面。剛開始，這些年輕人會猶豫、懷疑，但東尼．D會引導他們至少說出一個詞語：生氣、難過或慶幸。隨著時間過去，學生漸漸敞開心胸，認為這是個安全的空間，可以分享自己的問題，也可以討論內心的痛苦或憤怒。到了學期末，「報到」變成學生最喜歡的活動之一，因為這是他們唯一能放下心防做自己的時間。有位少年對正在研究此一計畫的人員表示：「我很喜歡大家坐下來一起聊天的感覺……這讓我覺得很平靜。」

課程中一再出現的主題則是憤怒管理。東尼．D告訴他們，你可以受制於怒氣，然後表現得像野蠻人；或是可以疏導它，然後成為戰士。他強調，憤怒可以是具有毀滅性的力量，也可以是有建設性的力量，選擇權就在我們的手上。

這些道德指引似乎漸漸根深蒂固。有位青少年和研究人員分享了自己應用該訓練的經驗：「有位老師不願意收我的報告，因為我遲交了一、兩天；但是我沒有抓狂，也沒有跑到老師的辦公桌前想引起他的注意，我就是接受了事實。」後來他繼續與老師溝通，詢問有沒有其他方式可以挽救，最後老師終於同意收下他的報告，但必須扣分。這位青少年說：「如果當時我的情緒受到這件事影響，可能就會被學校開除，或是讓成績變得更糟。」

多年來，東尼．D持續改良課程，使其進化成具有吸引力的綜合活動，兼具互助團體的傾訴功能、男性典範的嚴厲關愛，以及認知行為療法的元素，能幫助人們學會改變自己的思考模式，進而改變自己的行為。除此之外，課程還必須有趣、酷炫；畢竟怎麼可能有青少年想自願參加心理治療或互助團體呢？想在這些要求之間達到平衡，簡直就像走鋼索，不過成效看來不錯，「成為男人」計畫向來不缺想加入的年輕人。

驗證施力點

東尼．D和同事把提案送到犯罪實驗室，其中清楚說明了計畫內容。犯罪實驗室讀了計畫內容後，發現這和他們分析驗屍報告所得到的結果有關聯性。東尼．D著重認知行為療法和憤怒管理的做法，能否成為降低衝動性的施力點（請回想一下哈羅德．波拉克的暴力

「方程式」：幾名年輕男性＋衝動性＋酒精＋槍枝＝一具屍體）？如果這項計畫能減緩或消除年輕男性的怒氣，因籃球比賽而發生的爭執是否就不至於以謀殺收場？

二〇〇九年五月，青少年指引協會正式贏得犯罪實驗室的「創新挑戰」，並獲得能將計畫擴到至十八所學校的經費；不過附帶條件之一是，計畫必須讓研究以「隨機控制研究」⑨的方式進行。而研究要探討的關鍵問題就是：該計畫是否能降低遭逮捕的人數，尤其是因暴力犯罪行為被捕的人？

對青少年指引協會而言，同意這項條件無疑是在冒險。一般而言，在社會科學的隨機控制研究中，觀察到大規模顯著結果的機率相當低——如果你知道干預手段可能只對一或兩個變因有影響，而變因又隸屬於極複雜且互相影響的系統（也就是人的生命），應該不難理解爲什麼機率偏低。更糟的是，如果研究指出這項計畫沒有效果，可能會讓青少年指引協會的資金就此斷絕；畢竟沒有捐贈者會支持經證實無效的活動或組織，但許多資助者反而會基於良好的口碑，願意支持未經檢驗的干預手段。在社會部門，這種動態關係導致大家抱著鴕鳥心態：把頭埋進砂裡，拒絕了解眞相。

讓這項決策風險倍增的另一項原因是，在進行大規模檢驗前，協會必須先……擴大規模。一直以來，「成爲男人」一直都是由東尼．D主導的活動；青少年指引協會的確也在幾所學校執行計畫，但如果要進行研究，範圍就必須擴大到十八所學校。萬一東尼．D是唯一能兼顧心理治療、樂趣、自我控制和嚴格關愛等必要條件的人呢？

在幾個月內，協會招募了另外十三位顧問，東尼．D則用盡一切方法，把完全出自他個人之手的課程筆記，彙整成適合用來訓練他人的正式教育課程。只是他無法在學期開始前完成所有課程設計，於是這些顧問開始定期接受指導（好的，下一週你們要學的內容就是這些）。

從二〇〇九至二〇一〇學年，青少年指引協會的顧問每週要在每所計畫學校負責二十七堂長度一小時的課程。回饋相當正面：青少年願意加入、願意參與，似乎也因此受益。令人讚嘆的是，擴大規模的過程中並沒有遇到重大問題；而從每週回顧來看，成員的整體心得都很正面。至於最關鍵的問題：該計畫是否有助於降低被逮捕人數？他們幾乎無從得知，因爲沒有取得相關資料的管道。唯一可以看到的證據通常偏向負面，例如要是參與課程的學生遭到逮捕，顧問一定會知道。

---

9 randomized controlled trials，是藥廠在申請新藥許可時必須進行的臨床試驗，但在司法、教育、社會科學等領域也獲得廣泛利用。首先鎖定一群受試者，並隨機分配於實驗組或控制組，再觀察兩個組別的結果以評估干預的成效。

學年結束後，協會歷經了難熬的九個月，等待犯罪實驗室分析相關資料——順道一提，如果當初伊利諾州警方沒讓犯罪實驗室取得參與青少年的犯罪紀錄，這項研究根本無法實現。最不可思議的是，上游行動的成敗常常取決於樸實無華且枯燥的作業，例如存取資料庫。最後，在二〇一一年春季，犯罪實驗室的哈羅德・波拉克召集了青少年指引協會團隊並揭曉結果。

在參與計畫的學生中，遭到逮捕的人數比對照組減少了二八％，因暴力犯罪而遭到逮捕的人數則幾乎少了一半（四五％）。所有人都驚訝地闔不攏嘴，波拉克也表示：「這是我整個職涯中最美好的時刻之一。他們（青少年指引協會）完全不知道結果會怎麼樣，因爲他們從協會所接觸的孩子身上看到了很多悲劇，有人中槍、有人犯下大錯、有人被逮捕。但他們永遠不會知道，如果沒有他們伸出援手，還會發生什麼憾事。」

投身於問題

犯罪實驗室最後做出結論：「成爲男人」計畫確實能成功幫助青少年，讓他們即使處在緊急情況中，依然能冷靜清晰地思考。因爲一通電話而開始彼此叫囂的籃球比賽，可以繼續是一場互相叫陣的比賽，而不會惡化成槍戰。犯罪實驗室從波拉克的「犯罪方程式」中找到了「衝動性」這個元素做為施力點⑩。

儘管每個領域的上游行動各有不同的方程式，施力點也各不相同，但犯罪實驗室所採用的策略卻幾乎適用於所有情境：投身於問題之中。

請回想一下，犯罪實驗室先從仔細分析兩百份驗屍報告開始，但他們並不滿足於一般常識對暴力的解讀，於是開始回溯源頭。北加州凱瑟醫院（Permanente Medical Group in Northern California）就採用過類似的策略；二〇一八年，院內的品質與安全醫學主任艾倫．威皮開始督促醫院高層減少可避免的失誤和感染，因為這是造成患者死亡的一大主因。她要求高層針對至少五十名在旗下各醫院死亡的病患進行詳細的案例研究，結果發現了驚人的事實：約有三分之一的死因是敗血症，但當時醫院幾乎沒有注意到這項問題。到了二〇一一年，醫院高層成功將敗血症患者的死亡率降低了六成。透過接近問題核心，北加州凱瑟醫院找到了施力點，以避免患者的死亡。有時針對問題進行事後剖析，是找出解決方案的第一步。

10 該計畫的第二次研究再次重現了這項計畫的正面效果，第三次研究（受試者的人數更多、範圍更大）的結果則有好有壞。這種現象其實很常見：早期成功的前導計畫在事後證實難以擴大規模。這在社會部門是很嚴重的問題，不過和這一章要討論的議題比較不相關。讀者若有興趣，可參閱附錄。

如果要解決的問題非關生死，也可以運用其他策略來接近問題核心。跨國建築公司寇根（Corgan）有兩位負責規畫公共建築物（如機場和學校）的建築師想知道，年長者在他們設計的建築裡行動時會遇到哪些問題。該如何接近這個問題的核心呢？訪問年長者以得知他們的經驗？和他們一起走在建築物裡，讓他們對問題有更鮮明的印象？或者你可以查看事故報告，因爲其中記載了意外和跌倒的詳細資訊和地點。結果邁克．史坦納和莎曼莎．弗洛斯這兩位建築師採取了更進一步的行動，他們選擇穿上「老化模擬套裝」，套裝的設計可以讓使用者體驗到老化後的狀態。

「這基本上就是一組會限制活動能力的束帶，再加上負重，好讓你模擬年老後的狀態。」史坦納在廣播節目《此時此地》（*Here & Now*）中如此解說這種套裝。「這些是手肘托架，用來模擬手肘關節活動度降低後的狀態。隨著年紀增長，手指的靈敏度也會漸漸下降，所以用這副手套來體驗這種狀態。」在身體末梢加上重量，會讓四肢感覺更沉重；而護目鏡用來讓你的視覺變得模糊、耳機讓你覺得自己重聽，鞋套則是模擬雙腳神經不靈敏的樣子，也就是會變得較難感知地面情況。

史坦納和弗洛斯穿著這種套裝穿梭在達拉斯—沃斯堡國際機場，凡是商務旅客都知道，光是待在這個全美第二大的機場，就會讓人覺得自己老了好幾歲。弗洛斯在節目上表示：「我注意到的第一件事是，移動到另一個地方需要較長的時間，所以滿足休息和坐下的需求非常重要；換句話說，需要更多椅子和可抓扶的地方。通常我們會把機場大廳設計成寬廣開放的空間，讓大量人潮可以移動，不過當你失去平衡，或只是需要稍微休息一下時，眞的沒有什麼可以靠著或扶著的地方。」他們也注意到，斜坡可能會讓人失去方向感，所以需要設計標示，以提醒旅客地面傾斜。此外，踏上電扶梯前的平排梯級如果只有兩階，會增加搭乘上的困難，因此寇根公司現在會建議機場等公共空間的電扶梯使用平排三階的型號。

接近問題核心時，究竟該尋找什麼？要如何辨識可能有用的槓桿和支點？在尋找可行施力點的過程中，可能會像「無毒冰島」的領導團隊一樣，先思考：想要解決的這個問題底下，有哪些風險和保護因子？就青少年酒精濫用的問題而言，保護因子是參與正規的運動，因爲這會占用青少年的時間，並提供自然的亢奮狀態來源；風險因子則是家長疏於照顧，如果家長總是不在家，青少年就更有可能出現不當行爲。每個問題都會受到一連串不同的因素影響，有些會增加風險，有些則能防止問題發生，而每一項風險或保護因子都是潛在的施力點。

在對的人身上花錢，更能讓你省錢

除了把重點放在風險和保護因子，你也可以思考施力點有沒有可能是**特定的次要族群**。

很多成功的上游措施其實都是針對一小群人且成本高昂的計畫。乍看之下，這根本是很不理想的組合：**怎麼會有人想在少數人身上花更多錢？**這是因為在許多領域中，極少數的一群人就足以對整個制度造成超乎尋常的負擔。

犯罪實驗室設計出一套模型，用於預測市內涉及槍枝暴力風險最高的五千人（約占芝加哥總人口〇．二％，這群犯案風險最高、受害風險也最高的族群人數其實非常少），這表示他們要不是很有可能因槍枝暴力犯罪遭到逮捕，就是可能淪為這類案件的受害者。至於為什麼要同時關注受害者和加害者，而不是只把重點放在加害者身上呢？因為他們通常是同一群人。許多暴力犯罪者最後也會變成其受害者；此外，仍有許多暴力犯罪案件並未破案。所以悲哀的是，受害者其實比較容易分析。

一年後，犯罪實驗室在研究芝加哥的謀殺案受害者時，發現有一七％符合他們的五千人名單；此外，根據犯罪實驗室其他研究的估計，一次槍傷的社會成本是一百五十萬美元。從這些數據可以推論，社會也許能負擔一筆費用，來改變這一群人的悲慘未來。秉持著上述精神，犯罪實驗室目前正在測試一項計畫，內容是提供遭定罪且很可能再犯的暴力犯罪者一個全新的開始，包括支薪工作與認知行為治療。這項計畫的費用是每人每年約兩萬兩千至兩萬三千美元。

在醫療體系中，少數患者可能會是急診的重度使用者，這些人每年被送往急診室的次數有時甚至會破百。他們多半有非常複雜的個人狀況和病史，例如病態肥胖的男子可能同時患有糖尿病、氣喘、長期疼痛，且居無定所。治療這類患者的成本可能超乎想像，但是爲這些人建立可謂量身訂做的個人健康計畫（居家協助、居家醫療、照顧患者的管理人員……等），其實是醫療體系足以負擔的。當你能精準鎖定長期導致重大問題的那群人，就可以付出一小筆費用來協助他們。

值得注意的是，在光譜另一端有個可以對照的現象：有一群客戶可以創造出不成比例的大量獲利。例如拉斯維加斯的高額賭客，他們的鉅額損失實在太有價值了，以至於賭場願意給予這些顧客大量的關注和超乎想像的好處。畢竟，有什麼比樂意留下數百萬美元的客人更珍貴呢？

尋找可行施力點的必經之路，就是**要考量成本與益處**。我們當然希望以最低花費獲得最大效果，儘管這一點確實很重要，但我們必須明確區分這種「效益」與另一種有害概念之間的差別。預防行動中最令人不解也最具毀滅性的想法，就是一**定要省錢**。基本上，關於上游措施的討論一定會繞回投資報酬率：就長期來看，今天投資的一美元，能產出更多利潤嗎？如果我們提供住所給遊民，報酬會是社福需求減少嗎？如果我們提供空調設備給患有氣喘的孩子，效益會是急診使用次數降低嗎？

這並非完全無關的問題，但也不是必要的問題。除了預防措施之外，醫療體系中沒有任何一個部分會遭受這種「省錢」觀點的檢視。假設鄰居的飲食習慣是大口吃培根，結果有一天他需要接受心臟繞道手術，這時根本不會有人質疑他是否值得接受手術，或是好奇就長期而言，這種手術會不會爲制度省錢。只要他需要，就有開刀的機會。然而，一旦要討論如何預防兒童飢餓的問題，突然之間，這項計畫就必須要有報酬。眞是太瘋狂了。爲遊民提供住所、預防疾病或解決飢餓問題，都不是爲了財務上的報酬，而是因爲有道德面的回報。既然我們從來沒有這樣檢驗過下游措施，請避免用這種角度看待上游行動，而導致行動失敗。

醫病，更醫人

在醫界，會影響人體健康的環境條件如住房、公共安全或空氣品質等，也就是所謂「健康之社會決定因素」已引起相當廣泛的討論，幾乎每場研討會都有關於這項主題的議程。基本上這算是好消息，因爲反映出醫界的興趣已開始轉移到上游，唯一的缺點是用詞。「健康之社會決定因素」就是那種過分艱澀的用語，彷彿是專門設計用來讓人對它背後的議題失去興趣的專有名詞，有點像是把約會重新包裝成「令人渴望的人際交流」。

此刻對醫界來說，是值得雀躍的一刻，因爲「對問題盲目」的情況正在逐漸消失。「一直以來，醫師接受的訓練都是專注在臨床介入和諮詢。」在紐澤西州哈肯薩克醫療中心

（Hackensack Meridian Health）執業的基層醫師卡梅拉．羅切提表示。「病患來到我四面都是牆的診間，然後我努力改變病患的健康狀況，並在電腦輸入處方。雖然這麼做確實會改善病況，但卻是健康方程式中影響最小的部分。如果要眞正讓某個人的健康狀況有所進展，你必須打開對方的冰箱，看看他吃些什麼；必須問對方睡得好不好，還必須了解他長期承受哪些壓力，再去解決它們。」

目前這種觀點正在迅速擴散，也就是更重視影響健康的上游因子。只是採取行動時，還是會遇到重重障礙：醫師到底要怎麼做，才能幫助缺乏健康食物或承受龐大壓力的患者？更何況，在大多數的醫療體系中，醫師確實會因爲太努力而損失收入，因爲他們是以件計酬，所以能完成越多治療動作越好，至於多花十五分鐘和壓力很大或孤單的患者談心，並不算是治療（第十章會探討一些新的付費模式，好讓預防措施更容易獲得資金挹注）。

我讀過也聽過無數次醫療體系高層討論這樣的兩難，可以明確感受到其中的緊張感。一方面，醫界明顯迫不及待要往上游移動；而我相信就算不是大部分，也有許多高層眞心認爲這是正確的方向。另一方面，醫界對「負責」患者的上游健康需求有所遲疑，並非毫無道理，因爲在醫療體系的管轄範圍之外，實在有太多這類因子。高層目前正在採取的行動是尋找施力點，儘管就整個醫療體系而言，規模眞的很小，但確實具有象徵性意義。舉例來說，現在很多基層醫師會詢問病患是否經常挨餓，若眞是如此，就能爲患者與社區合作夥伴（例如當地的食物銀行）進行媒合。醫院透過與其他能伸出援手的組織配合，讓患者得到醫療體系以外的協助。

那麼，改變有可能從醫療體系內部做起嗎？如果這些對醫師來說很不自然的上游行動（他們所受的訓練和制度的誘因往往將他們往下游推），有辦法變得自然呢？紐澤西州薛頓賀爾大學（Seton Hall University）新成立的哈肯薩克醫學院（Hackensack Meridian School of Medicine）就是在追求這樣的願景，並徹底革新訓練醫師的方式，並將健康之社會決定因素納入核心課程。

在學年開始時，學生會和附近社區的某個個人或家庭配對。一年級時，學生每隔一、兩個月就要前往配對對象的家中，了解對方的生活和健康狀態。當然，學生無法給予治療，畢竟他們只是一年級的醫學生，但學生被指派的任務是協助對方實現與自身健康相關的目標。例如我兒子有自閉症，我需要一些協助，好幫他尋找資源；或是我獨居，而且需要坐輪椅，常常覺得很鬱卒，所以需要一些社交管道。

「我們可以告訴學生這些資訊，也可以教導他們，但除非學生與活生生的人面對面，並與對方產生連結，才有辦法眞正從內心體會到這有多重要。」前面提過的基層醫師羅切提如此解釋，她就是這項名爲「人性面」計畫的總監。

接近的力量

一年級的阿曼瑞亞·麥卡臣與另一位同學在醫學院的第一堂課中，一起配對到一位住在療養院的九十一歲男性。第一次拜訪對方時，麥卡臣非常緊張。她是個輕聲細語的人，卻覺得自己得用吼的，對方才聽得清楚她在講什麼。這兩位醫學生問對方有沒有什麼他們可以幫忙達成的目標，但這位老先生回答：「我已經九十一歲了，哪還有什麼目標。」不過後來他提起了兩件事：學會用電腦，以及對抗短期記憶喪失。於是當麥卡臣再次拜訪時，她和同學一起教老先生用療養院的電腦玩記憶遊戲。

另一組學生的配對對象則是患有糖尿病但未控制的男性，這表示他的血糖處於不健康的狀態；儘管這種情形可以經由定期監測、正確飲食與適當劑量的胰島素來控制。學生無法理解爲什麼這位男性的病情會難以控制，畢竟對方看起來很有見識，也願意配合。後來在一次拜訪過程中，他的鄰居來敲門並問他：「我要去買東西了，你準備好購物清單了嗎？」學生這才恍然大悟：這位男性無法自己去日用品商店，他的食物都是鄰居幫忙買的，所以較難請對方買特定食物（例如新鮮蔬果或魚肉類）以協助控制自己的病情。

這些醫學生的另一項任務是與社區互動，而不只是特定對象。他們要與當地非營利組織的領導團隊交流、參與公開會議並進行社區服務。「我們剛開始規畫課程的時候，大家都問我：『妳到底在計畫什麼？這是社福學院還是醫學院？』」羅切提坦言。

第一屆學生在二〇一八年夏季入學；起初，學生對這項計畫充滿熱情，甚至可說是過度熱情。剛開學那幾週，他們會跑到羅切提的辦公室，提出解決各種社區問題的方案。過了一個學期，準備考試和取得執照的現實開始破壞他們的理想。這些學生是成績最好的一群，是菁英界的新星，他們知道如何在考試取得頂尖成績和交出能拿到高分的報告；但如果作業是要幫助孤單的老太太，到底該怎麼「取得頂尖成績」？

在某個時期，部分學生似乎產生了反感。有幾位學生被指派參加教育董事會的會議。意外的，會議前段的四十五分鐘並未開放民眾參加，他們只好默默等待。等到他們終於能參與會議時，大多數時間卻又被教師和教育董事會之間的合約爭議占據。這些學生非常憤怒，在電子郵件中質問羅切提：「爲什麼要派我們來這種場合浪費我們的時間？」因爲這並不是他們就讀醫學院的原因。

話雖如此，但是從比較奇特的角度來看，這**正是**他們就讀醫學院的原因。因爲在羅切提的思維中，醫師的使命就是要讓人們變得更健康。要做到這一點，不僅需要了解醫學的技術面，也必須熟知社會面。必須在學會正視眾人生活的各種複雜性與所依循的複雜制度後，醫師才會理解到：即使是**準時出現在診間**這麼簡單的事，也可能遭到無數不同因素阻撓：公車誤點、天氣糟到患者無法走到公車站、患者無法負擔診所附近停車場的費用；或是儘管相關資訊都傳送到雲端，但患者沒有電腦；又或是那天早上患者的狀況太糟，糟到連大老遠跑去診所都沒用的程度。

這時候，如果醫師有股衝動想跳入非黑即白的判斷觀點——**對啦，這些狀況確實都很棘手。但話說回來，如果患者眞的在乎自己的健康，就應該準時就醫、按時服用胰島素，也應該準時領取連續處方箋的藥**——應該會突然回想起自己還是學生時參加過的學校董事會議，那幾乎毫無建樹的兩個小時；接著又想起那位總是託人幫忙採購的老先生。於是醫師深吸了一口氣說：**「一切都不容易啊。這個世界很複雜，也沒有速成的解決方法，但如果我能學著放下交疊在胸前的雙臂，然後伸出援手，就能成爲緩解而不是無視困境的人。」**

到了二〇一九年春末，也就是哈肯薩克醫學院第一屆學生第一學年的尾聲，學生們重燃熱情。所有人有志一同地表示，他們很珍惜與社區配對對象的相處時間。而在醫學院的最後兩年，他們會繼續和社區及居民交流，等到他們畢業後，就更有機會成爲觀點和多數同業極爲不同的醫師。他們大多數人會留在紐澤西，並在哈肯薩克醫療中心執業。羅切提深信，這群學生將會從內部徹底改變醫療體系：「我們的學生會繼續成長，然後成爲改變醫療文化的主力。」

透過讓未來的醫師更接近疾病和困境的起始點，這所醫學院期望學生擁有更迅速判斷施力點的能力，好促進所有人的健康。紐約大學法律系教授、作家及「平等正義倡議組織」的創辦人布萊恩．史蒂文森把這種做法稱為「接近的力量」。

二〇一八年，史蒂文森在「《財富》執行長倡議」（*Fortune*'s CEO Initiative）研討會的演講中如此表示：「我認為在創造出更健康的社區、社會、國家，及隨之而來的更健康經濟時，如果要促成改變，就必須找到方法接近貧窮和弱勢的群體。我非常確定，一旦我們自我隔絕——任由自己躲在保護傘下，切斷與受到不公對待群體的脆弱連結，我們就只會延續並繼續製造這些問題。我也深信，我們可以從接近的過程中發現改變世界的關鍵……」

接近問題並無法保證有所進展，因為這只是起點，而不是終點。上游的變革往往就像溯溪，必須一路摸索著往上走，漸漸釐清在各種情境下哪些方法有效，哪些方法沒效。然而在這樣的過程中，即便失敗，也可以被解讀成一種進步，因為每當我們學到一些新東西，就等於是再為尋找改變世界的槓桿找到一片新的拼圖。

第7章
如何得知問題預報？

二〇一〇年末，羅麗．薩克塞納獲聘為領英（LinkedIn）客戶成功團隊（customer success group）的負責人，對象則是購買領英旗艦版服務的顧客。「客戶成功」可說是上游版的客服，主要任務是讓客戶對購買的產品或服務感到滿意。領英旗艦版以訂閱方式提供服務，協助企業尋找並吸引新的應徵者，儘管銷售量出奇地好，客戶流失率（不續訂的客戶比例）卻相當高。對任何採用訂閱制的企業來說，客戶流失率都是很關鍵的診斷指標，從網飛到《時人》雜誌都是如此。薩克塞納進入公司時，客戶流失率大約是三〇％，這表示每年每十位客戶中，就有三位不再繼續使用這個版本的招募服務。

傳統上，企業處理客戶流失率的方式，就是在接近續訂時間時，指派專員與客戶密切溝通，尤其是那些很有可能會離開的客戶，重點在於「挽回」。身兼業務主管和薩克塞納上司的丹．夏佩羅卻表示，當時團隊提出了新的問題：我們能多早預測到某位客戶會離開？他們的期望是，如果能及早偵測到風險，就可以及早介入並取得更理想的成果。

團隊在分析數據的過程中發現：最早可在對方購買訂閱方案三十天後，就合理預測出哪些客戶會離開，哪些不會。怎麼可能這麼早就預測到這一點？薩克塞納了解到，產品使用率和客戶流失率之間有負相關。換句話說，如果客戶頻繁使用旗艦版的功能，續訂的機率就比較高。這很理所當然的，畢竟，最有可能停訂雜誌的讀者，就是沒在看的那群人。眞正的新發現是，及早促使客戶開始使用服務是一大關鍵：「我們注意到，在訂閱後三十天內就開始使用服務的客戶，續訂的機率高了四倍。」薩克塞納指出。

「我們實在太吃驚了，」夏佩羅坦言，「大家都說：『快把以前用來挽回客戶的資源拿來引導客戶！』」於是他們設立了新的職位「客戶規畫專員」（onboarding specialist），負責連絡客戶並示範如何使用產品。不過，這可不只是一般令人昏昏欲睡的軟體功能訓練，這些規畫專員會眞的為客戶完成部分工作。

典型的指引電話聽起來會像這樣：「我知道貴公司想在亞特蘭大招募軟體工程師，我已經先設定好搜尋選項，以協助貴公司找到符合條件的人選。我會先帶您了解一下如何調整符合需求的搜尋參數。找到合適的人選後，下一步就是利用 InMail（領英的站內訊息服務）來連絡這些人。我已經擬好了一份電子郵件範例，根據我們過去的經驗，特定類型的訊息比較容易得到回覆。」

兩年內，客戶流失率幾乎下降一半，領英的獲利也一飛沖天——高額獲利的一大推手，就是上述的客戶規畫業務。改善客戶流失率的價值，等同於讓公司每年賺進數千萬美元。

當我們有辦法預測問題，便有更多轉圜空間可以進行修正，這也就是爲何上游行動會牽涉到這個關鍵問題：如何得知待解決問題的預報？

請想像一下，這裡有一部專爲你的計畫量身打造的「煙霧偵測器」，例如在領英的案例中，觸發警報的煙霧就是客戶在訂閱後的第一個月並不活躍；而在芝加哥公立學校系統的案例中，煙霧則是學生在入學第一年就脫離正軌。

預測警訊，爲行動爭取時間

預報警訊本身並沒有絕對的優勢，其價值取決於問題的嚴重程度，就像你應該不需要／不想得知床頭燈燈泡即將燒壞的預報警訊（但相對的，如果是燈塔頂部燈泡的預報警訊，就會極有價值），預報的價值也會因是否能提供充分的反應時間而有所不同。舉例來說，如果能提早三十秒警告汽車駕駛人輪胎即將爆胎，也許就能救人一命；但只提早半秒鐘的預警可能沒多大價值。

有些時候，正如領英的策略，我們可以運用過去的模式來進行預測。同樣採用這種策略的還有諾斯韋爾醫療中心（Northwell Health），這個由衆多醫院和醫療設施組成的醫療系統，涵蓋了整座紐約市和周邊區域。諾斯韋爾的緊急醫療救護團隊面臨了攸關生死的工作挑戰：他們希望民衆撥打緊急電話後，醫院的救護車能盡速抵達，於是他們利用歷史資料建立精密的模型，用來預測緊急電話會在何處及何時出現。

「我們可不是拿出水晶球來預測緊急事件。我們想預測的是：根據過去的紀錄，這些人口的行爲將會是什麼樣子？」諾斯韋爾緊急醫療救護中心副主任強納森．瓦史科表示。

結果，緊急事件確實和可預測的模式呈現一致，包括時間性（白天的電話比晚上多）與地域性（居民年齡較大的區域較常撥打）。在連續假期和新年前夕，緊急電話的數量都會上升（因爲喝醉導致的愚蠢行爲）；耶誕節和情人節的電話數量則會下降（可能是因爲空氣中充滿了愛，或飲酒模式比較平靜）；週五和週六晚上專線總是繁忙，週日時則會緩和下來；只要遇到流感季節，就會天下大亂。

另外還有一些耐人尋味的細微差異：療養院的用餐時段和報案數量增加的時間重疊。你可能會想，那裡的食物有這麼糟糕嗎？事實並非如此，而是照護人員一定會在這個時間去查看患者，也能因此發現不妙的狀況；基於相同的道理，療養院員工換班時的報案數量也會增加。此外，報案電話的模式也會因天氣而有所不同：瓦史科知道，大雪時期的心臟病發案例通常會變多，有時候是因爲民眾鏟雪的動作太激烈。

諾斯韋爾醫療中心究竟是如何運用這種預測模型來加速救護車的反應時間，並根據模型預先部署在城市各地的救護車？請想像一下，麥當勞的停車場上停著一輛救護車，急救人員正在車上待命，一接獲通知，馬上就能動身前往附近的幾家療養院——雖然現在還沒有任何人報案，但可能性很高。

這種做法和一般流程非常不同。大多數情況下，緊急救護服務是由消防部門負責提供的，因此救護車會停放在當地的消防站點，接到緊急電話後，救護車才會出動。這套制度有時會造成不合理的後果：如果你有一天突然心搏停止，活下來的機率可能取決於救護車離你家有多遠（在將來的高齡社會，這說不定會變成房仲眼中的賣點：**獨幢透天豪宅，救護車三分鐘到你家**）。

相較之下，諾斯韋爾醫療中心和其他大城市的緊急醫療救護系統，會把所屬的救護車策略性地分散安排於市內各處，以確保他們離負責範圍內的所有人口僅有一小段車程。紐約州塞奧西特市的緊急醫療救護指揮中心裡，有個看起來像是NASA任務控制中心的空間，牆上掛滿超大螢幕顯示器，呈現出諾斯韋爾緊急醫療救護系統涵蓋區域的地圖。所有救護車的即時位置都標示在地圖上，而每輛救護車外圍都有一個圓圈，用於表示車程十分鐘內可抵達的範圍。一旦接到緊急電話，離報案地點最近的救護車就會出動，而附近其他所有救護車也會開始大幅變換位置，好塡補已出動救護車留下的空白。

這系統極爲精密，且確實有效。諾斯韋爾醫療中心的平均反應時間大約爲六．五分鐘，優於全國平均的八分鐘。而這樣的反應速度，也成爲諾斯韋爾醫療中心在恢復自發性血液循環的比例上有絕佳表現的一大助力——這項指標是用來衡量到院前心搏停止的患者，因有效治療而恢復自主血液循環功能的百分比。此外，患者顯然也對自己獲得的醫療服務很滿意，有高達九四％的患者表示，願意向他人推薦諾斯韋爾醫療中心。

這是預報實例中的典範：資料會示警我們原本沒發現的問題，例如有必要在用餐時間把救護車部署在靠近療養院的地方。而這樣的預測能力可以爲我們爭取時間好採取行動，並避免問題發生。諾斯韋爾醫療中心的急救人員無法避免遇到心搏停止的患者，但可以避免部分患者因此去世。

每一秒都至關重大

在諾斯韋爾醫療中心，每一分鐘都至關重大；而在其他情況下，即便是幾秒前的警報都很重要。根據災害防救領域專家艾力克斯．葛里爾教授在二〇一二年發表的文章，日本擁有全球最先進的地震預報系統，其中的觀測中心負責蒐集來自全國三千兩百處地震測量裝置的資訊。觀測中心可以偵測到所謂的 P 波，也就是代表地震被觸發的第一道警訊，而且人類通常無法察覺。

這套系統在二〇一一年爲日本民衆帶來了莫大幫助。葛里爾在文章中指出：「二〇一一年，東日本大地震的 P 波在當地時間下午兩點四十六分四十五秒抵達時，經過離震波最近的內陸感測器解讀後，系統在短短三秒內就把警報發送到大型企業、鐵路公司、工廠、醫院、學校、核電廠和民衆的手機。」

三秒！警報發送大約三十秒後，宮城縣仙台市附近的地殼開始劇烈晃動，再六十秒後，地震開始衝擊東京。葛里爾的文章寫道：「幾秒鐘看起來沒多少，但這段空檔足以讓企業關閉生產線、醫師中止手術、學校引導學童躲到桌子底下、駕駛把汽車停到路邊、啓動備用發電機，以及停止鐵路運行。」

類似的預報系統也可以爲企業帶來優勢，在 IBM 的一則電視廣告中，維修人員走向辦公大樓的保全。

維修人員：嗨。

保全：請出示通行證。

維修人員：我是來修電梯的。

保全：電梯沒有問題。
維修人員：對。
保全：但你要修電梯？
維修人員：對。
保全：誰派你來的？
維修人員：新來的。
保全：什麼新來的？
維修人員：電腦。

接著，維修人員看向桌上的黑色盒子，保全也看向相同的位置。

電腦（用搞笑的聲音）：根據我對感測器和維護資料的分析，三號電梯會在兩天內出現故障。
維修人員：就是這樣。
保全：還是要出示通行證。

這可不是幻想。現在有許多大型電梯公司都在生產智慧電梯，可將各式各樣的診斷資料傳送到雲端，包括光線、雜訊、速度、溫度等訊息，用來過濾問題可能發生的早期徵兆。

「網路連線到雲端所能提供最重要的功能，就是讓你可以事先察覺到趨勢，以免這些趨勢開始製造問題。」IBM的人工智慧系統「華生」（Watson）物聯網技術研究員約翰．麥克勞德在雜誌《電腦世界》（*Computerworld*）的採訪中如此表示：「以電梯門關閉的時間來說，一般通常是五秒，但會漸漸延長到五．一秒，接著變成五．二秒。根本沒人會注意到這一點，但這種漸進的時間變化很可能意味著電梯的某部分運作變得不順暢，需要潤滑……這樣一來，你就可以提前處理這個問題，而不是等到電梯門完全卡死，所有乘客都被關在裡面。」

隨著物聯網興起，這類預警解決方案會越來越常見，我們的世界將會充滿感應器：偵測心室顫動的智慧手表、警告油管滲漏的智慧裝置（雖然「智慧豬」這個名字很詭異）、示警公車駕駛睡著的智慧攝影機……儘管科技可以爲我們的預報行動提供助力，但有時最有效的感應器並不是裝置，而是人。

美國心臟協會年都會訓練一六〇〇萬人學習CPR，等於是在全球各地設置一六〇〇萬部具有觀察心血管相關緊急事件能力的人類感應器。更理想的是，這些受過CPR訓練的人不只能發現問題，更可以採取行動處理問題，甚至能延續患者的生命，直到救護車載著完整的急救工具抵達現場。

反恐廣告「若看到，要舉報」（If You See Something, Say Something）就是另一個仰賴人類完成預報工作的例子，廣告設計師艾倫·凱在九一一恐怖攻擊發生當天就想出這句標語。「我腦中浮現的概念是『口風不緊船艦沉』（Loose Lips Sink Ships）。」艾倫·凱在《紐約時報》的採訪中表示。「現在這種情況讓我覺得這句話很諷刺，因爲我們需要的正好相反，我們需要大家勇於發聲。我希望能發想出像這句話一樣深植人心、有感染力的口號。」就某個層面而言，所有美國國民都成了恐怖攻擊預報的感應器。

爲了預測問題，我們必須眼觀四面、耳聽八方。但同時也必須謹慎看待取得的資訊：有時候，我們發現的東西並非表面所見。

弊大於利的預報系統

在二〇〇〇年代，南韓被診斷出患有甲狀腺癌的人數突然飆升；到了二〇一一年，甲狀腺癌患者的比例已較一九九三年爆增十五倍。就公衛問題而言，這實在相當嚇人，畢竟癌症不是傳染病，照理說不該如此快速地蔓延，顯然有什麼地方不對勁。

在這波罹癌潮中，唯一的亮點是南韓醫療體系處理這些病例的紀錄。南韓全國的甲狀腺癌五年存活率是九九．七％，位居全球之冠。由於這些數據實在太驚人，南韓甚至開始推動「醫療觀光」，理念就是世界各地的甲狀腺癌患者都應該考慮搭飛機到南韓進行治療，因爲這裡有全球最佳的患者存活率。

甲狀腺癌盛行背後有兩大謎團：是什麼原因導致癌症大爆發？而南韓又是如何成功地戰勝這種疾病？

臨床醫師及癌症研究學者吉爾．沃爾奇則對南韓的案例有完全不同的看法。他在令人大開眼界的著作《少點醫療，多點健康》（*Less Medicine, More Health*）中寫道：「就讀醫學院時，我學到的是任何叫『癌症』的疾病都會無可避免地惡化。一旦細胞因癌症而產生ＤＮＡ紊亂，癌細胞蔓延到全身只是時間的問題，癌症殺死病患也是遲早的事。」

不過近年來，醫師對於癌症的看法有所改變，已經沒有人認爲癌症殺死病患「只是遲早的事」。沃爾奇在解釋醫學思維如何演進時，用穀倉周邊的圍欄來比喻癌症，圍欄裡有烏龜、兔子和鳥，醫療體系的目標是避免這些動物逃出來（意味著癌症變得致命），圍欄則代表及早偵測和治療的系統。

烏龜的動作極爲緩慢，所以圍欄的作用並不大，反正牠永遠逃不出去；鳥可以任意飛出去，完全無法阻止。烏龜代表的是慢性、非致命的癌症，種類非常多；鳥則是最有殺傷力的癌症型態，即便我們在病患身上找出這類癌症，也無能爲力，因爲這類癌症就是會導致死亡。

從公衛的觀點來看，眞正重要的動物是兔子，代表可能會致命的癌症型態。兔子隨時有可能跳出圍欄，但只要我們行動得夠快，就可以在兔子逃跑前阻止牠。

所以當沃爾奇檢視南韓甲狀腺癌盛行的現象後，發現這其實是沒有威脅性的烏龜在四處爬。讓我們重新審視一下整個歷程：在南韓開始大規模篩檢甲狀腺癌前，只有患者出現病癥時，才會進行檢測，這表示患者應該是覺得哪裡不對勁，才會來醫院——就像如果女性感覺胸部有硬塊，可能會去照胸部X光；或是如果男性看到尿液裡有血，可能會去做前列腺檢查。這些案例相對少見，而且比較類似於兔子。但後來南韓醫界開始鼓勵更多人接受篩檢，結果發現大量人口的甲狀腺裡都住著安靜的小烏龜，必須透過篩檢測試才會發現，甲狀腺癌病例數從此一路飆升（儘管從健康層面而言，並沒有太多改變）。同時，患者開始接受侵入式治療（通常是透過手術切除甲狀腺）。五年後，其中九九．七％的人都還活著！

不過這些人並不是因爲醫學奇蹟而活下來，而是身體本來就沒有問題。這些南韓患者也許會以爲是醫師救了自己一命，醫師也可能也這麼認爲，但事實卻是許多人因此受到傷害（手術後遺症），卻沒有獲得健康方面的相應益處。

我們能從這個故事中學到什麼？有些預報系統效果絕佳，可避免電梯故障或客戶流失。但有些時候，預報系統可能弊大於利，南韓甲狀腺癌的「盛行」就是一個例子。

那我們要怎麼區分這兩者？關鍵因素之一是「僞陽性」的普遍性，也就是沒有正確警示問題的預報。

有一種現象叫做警報疲勞，意指當一個人暴露在大量且頻繁的警報中，將導致對它們麻木，甚至因此忽視重要的警訊。這是非常嚴重的問題。二〇一三年，一群研究人員針對五間加護病房進行為期一個月的研究。在這些病房中接受治療的患者有四六一人。研究期間，病床監視器觸發的次數超過二五〇萬次：心律、血氧量、血壓等指標發生變化時，警報就會自動響起。由於醫院規定，只有臨床上的重要指標才會發出響聲，因此大多數的警報只是一閃而過的文字訊息，供護理師和醫師觀察。儘管如此，每個月的有聲警報仍逼近四〇萬筆，平均每天有一八七筆。當事事都會觸發警報，警報就毫無意義可言。

辨認更上游的警訊

設計預報系統時，我們應該謹記這些問題：警報能否提供充分的時間，讓我們採取有效的行動（如果不能，就沒有使用這套系統的必要）？預期的僞陽性率有多少？而我們能接受的僞陽性率，又可能取決於解決僞陽性問題與遺漏眞正問題之間的相對成本。

假設漏掉問題的後果相當嚴重，我們也許會願意承擔較高的僞陽性率。這時，就必須談到「桑迪．胡克承諾基金會」（Sandy Hook Promise），這個組織是在二〇一二年桑迪．胡克小學發生大規模槍擊事件後成立的。事發當時，一名年輕男子闖入校園開槍，殺害了二十名學童和六名學校員工。基金會的幾位創辦人都在這場事件中失去深愛的人，也厭倦了多數人對校園槍擊案無所謂和坐視不管的態度。他們想要有所行動。

基金會的共同創辦人妮可．霍克利意識到，許多學校對槍擊事件的反應，是退一步採取防禦態勢，但這完全是錯誤的方向：

一直以來，學校關注的焦點都不夠集中：眼前有個活生生的持槍犯人，你該怎麼辦？我們要怎麼教孩子躲藏？逃跑？有時候還要反擊，我覺得這根本是天方夜譚……為什麼要把重點放在「一切都難以挽回」的時間點？把眼光放在更早一點、思考「在事情惡化到這個地步前，我們可以怎麼幫助這個人」，難道不是更有效的做法嗎？

霍克利聚焦於潛在槍手的心理健康，很顯然是一種上游思維，也就是在災難發生前就試圖介入。而考量到美國兩大黨之間的戰火，這項策略也頗有政治智慧。霍克利也曾在《衛報》的訪談中表示：「我們嘗試推動槍枝政策到現在，已經過了好幾十年，該試試別的方法了，爲什麼要讓自己一直撞牆、不停做同一件事，然後期待結果會有不同呢？」

不過，寫到防範校園槍擊時，若沒有提及「槍擊」的部分，就是作者的失職了。「世界上有個已開發國家，是唯一一個允許國民合法且輕鬆便利地囤積足以進行大屠殺的私人武器的國家。」前總統小布希的文膽大衛．弗魯姆在《大西洋》月刊的文章中寫道。「這個國家剛好也是一個——又是唯一一個，經常飽受忿忿不平的個人發動大屠殺之苦的國家。」由於弗魯姆擔任過的職務，嚴格來說不算是自由派⑪，更由此可見這個國家對問題盲目的情況有多嚴重。

最後，霍克利和其他共同創辦人認爲，不太可能讓整個國家從這種盲目中清醒過來，於是他們開始尋找另一種方法來拯救生命。研究其他的校園槍擊案時，他們觀察到：幾乎所有案例都曾出現預警訊號，卻完全遭到忽略。多數的大規模槍擊行動都在至少六個月前就開始策畫。而且就一般而言，十個槍擊犯之中，有八個至少會向一個人透露自己的計畫，許多槍擊犯甚至在社群媒體上張貼威脅。如果有對的人觀察到這些警訊，並正視這些人的行動，就可以避免校園槍擊案發生。

於是桑迪．胡克承諾基金會推出訓練計畫，目標是教育學生辨識警訊，包括：對槍枝有高度興趣、因看似微不足道的事表現出攻擊性、有極端的社會孤立感，以及炫耀自己有門路

11　小布希隸屬共和黨，政治傾向較為保守，也不贊成槍枝管制。

可取得槍枝；當然，還有明顯受到暴力威脅——在過去的槍擊事件中，這一點經常被遺漏。基金會教導學生，如果看到其他學生表現出上述行爲，應該向信任的成人表達自己的顧慮。

爲了推廣注意警訊的觀念，桑迪・胡克承諾基金會在二〇一六年發表了一則名爲《伊凡》（*Evan*）的影片。影片中，高中生伊凡開始和神祕女孩交換曖昧訊息，方法是把訊息寫在學校圖書館的桌面上。伊凡試著找出對方的過程中，穿插著輕快的背景音樂。影片結尾，女孩表明自己的身分，兩人在體育館上演溫馨的相見時刻。然而，就在觀衆沉浸於甜蜜氛圍時，體育館的大門突然被推開，有個男孩拿著來福槍走進來，接著扣下扳機，所有學生開始尖叫，影片也直接變成一片黑。

這一幕令人震驚，更令人震驚的是接下來的內容：影片開始快速重播，告訴觀衆槍手幾乎出現在每一幕：對其他學生比中指、在儲物櫃前遭到霸凌、獨自吃午餐、在網路上瀏覽槍枝影片、在社群媒體張貼自己拿著槍的照片。這些警訊就在我們眼前，我們卻沒有發現，因爲我們的注意力在其他地方。《伊凡》公開後造成一陣轟動，累積觀看次數已經超過一・二億次（這大概是近十年來我看過最讓人隱隱不安又有效的公益廣告）。

桑迪・胡克承諾基金會的「辨識警訊計畫」獲得許多學校高層的正面迴響，這些學校正希望有方法能降低槍擊事件發生的機率，後來這項計畫也成功在數百所學校推動（値得注意的是，這正是部署「人類感應器」的另一個例子）。在計畫推動之初，桑迪・胡克承諾基金會就發現，他們必須把焦點擴大，並顧及容易遭受霸凌和自傷（尤其是有自殺傾向和割腕行為）的學生。這類行為的部分警訊和校園槍擊犯相似，像是逃避社交、容易受暴力吸引等等，而且這類事件比校園槍擊事件更普遍。經過「辨識警訊」的訓練後，學生開始習慣向學校高層通報有同學會認真談論自殺。

但不是所有學生都能自在地與成人談論自己的顧慮，有時他們會覺得沒有任何人能信任，有時則會擔心被當成告密者或遭到報復；尤其當對方有可能是校園槍擊犯的時候。於是在二〇一八年，桑迪．胡克承諾基金會推出匿名通報系統「說說看」，提供專線，讓學生可以透過電話或應用程式匿名表達自己的憂心。「這類威脅大多不會發生在學期中、不會發生在工作日，也不會發生在上課時間。」桑迪．胡克承諾基金會的實地行動副主任寶拉．弗因博斯表示，意思是即使不在學校的時間，學生依然能即時通報。「而且這樣的管道能讓學生能輕鬆提供資訊，不需要背負某些汙名。」

阻止下一張骨牌倒下

賓州的公立學校在二〇一九年採用這套通報系統時，有超過一七．八萬名學生接受訓練。通報系統很快就發揮效用：光是第一週就接到六一五次通報和電話，後續介入的案例包括四十六起自殺事件、三次大規模毒品搜索、兩起父親／繼父性暴力案件，以及數十起自殘事件。

還有一條線報成功促使警方採取行動：二〇一九年一月二十四日凌晨兩點半，警方輾轉收到匿名線報，有一名十四歲的學生在社群網站 Snapchat 威脅要持槍攻擊黑澤爾頓初級中學（Hazleton Middle School）。調查顯示線報的可信度很高，於是警方在凌晨四點半前往該學生的住家，並見到學生的母親及叔叔（學生的性別並未公開）。

警察得知家中有一把克拉克手槍，家長表示，很確定槍枝鎖在安全的地方，青少年不太可能取得。但警方快速搜索後發現，手槍根本沒收好，平放在床頭櫃上，而且已經上膛。

這就是及早發現問題的威力。匿名通報系統在造成傷害前，成功鎖定具有屠殺工具和明顯意圖的潛在槍擊犯。還有一些其他極可能發生的校園槍擊威脅，也因為桑迪．胡克承諾基金會的努力而成功避免。

在這類事件發生後，許多相關人士都會宣稱這是偽陽性的結果。青少年會辯稱：「我只是開玩笑的！」家長也會同意：「這孩子確實有很多煩惱，但他一點也不暴力！」學校的管理階層則很可能只想躲開媒體風暴。從公平一點的角度來看，他們說的都有可能是實話！匿名系統確實有很高的機率矯枉過正，甚至可能引來冷血的惡作劇電話。而且幾乎可以肯定的是，有多少真正的威脅被避開，就會有更多偽陽性案例出現。更糟的是，要避免罕見問題發生，就不得不面對這樣的難題：永遠不知道自己是否眞的成功——畢竟誰有辦法完美證明黑澤爾頓的那名學生一定會對同學開槍？

話雖如此，家長仍會同意：就校園槍擊問題而言，還是寧可多抓出一點僞陽性案件。因爲漏掉警訊的代價實在太高了。

「當我回想起桑迪．胡克小學的悲劇，才發現這是一連串事件，是連鎖反應，事件必須徹底串連在一起，才會像這齣悲劇一樣展開。」霍克利在TEDx演講中如此形容。她的好友大衛．惠勒在槍擊案中失去了兒子，惠勒把這種連鎖效應形容成一組骨牌，每一張骨牌都必須確實倒下，災難才會發生。

「事情在眼前展開的時候，我們沒有看到骨牌，只看到骨牌之間的空隙。」霍克利在演講中指出，「這時候，應該要有人做某件事或說某句話，好阻止下一張骨牌倒下。」

霍克利同樣在桑迪．胡克小學槍擊案中失去了兒子。當時她聽到消息後，立刻飛奔到學校附近的消防局，那裡擠滿了人。她記得當自己看到大兒子傑克也在現場時，如釋重負的感受有多強烈：「我還記得他用雙臂環繞我脖子的感覺，和我不得不拉開他的手，才能繼續尋找六歲小兒子迪倫時的不情願。」

數小時之後，警方傳來消息：迪倫在教室裡遭到殺害，身中多槍。警方發現迪倫時，他躺在爲了保護他而身亡的特教助理員懷中。當時迪倫才一年級。

霍克利極力想要避免這一刻的悲劇發生在其他家長身上，她要飛奔到空隙之中，阻斷其他學校的骨牌效應。

第8章 如何判斷自己成功了？

困擾眾多上游行動的一大疑問是：怎樣才算成功？下游行動的成果通常出奇地顯而易見，部分原因是下游行動包括重建，可以讓事物恢復到過去的狀態。**我的腳踝好痛，可以幫我止痛嗎？我的筆電壞了，可以幫我修好嗎？我的婚姻出現問題了，可以幫我們回到之前的狀態嗎？**在這些情境中，不太需要思考成功的定義，畢竟當你的筆電又可以正常運作，這就是成功。

然而就上游行動而言，成功未必顯而易見。通常我們無法直接確認成功與否，只能仰賴近似的指標，也就是採用更快、更簡單的衡量方法，並希望這種方法和長期成效有相關性。但衡量成效的方式與想看到的實際效果不能混爲一談，也因此，我們要小心「虛假成就」的風險：看似成功，實則失敗。

在這一章，我們會詳細分析三種類型的虛假成就。爲了看清這三種類型的徵兆，首先請想像有一支戰績長期不佳的棒球隊，現在下定決心要脫胎換骨、成爲贏家。由於這個蛻變過程可能費時數年，球隊經理決定把焦點集中在長打（尤其是全壘打），並把長打視爲衡量成功的近似指標。

在第一種類型的虛假成就中，儘管你選擇的衡量指標顯示爲有效，但其實是錯把這種成效全都當成自己的功勞（球隊因打出更多全壘打而歡欣鼓舞，但其實聯盟內所有球隊的全壘打數都有增加，因爲投手戰力減少了）。第二種類型則是你已滿足短期指標的要求，但這些指標與長期任務並不一致（球隊的全壘打數達到兩倍，但很少贏得比賽）。第三種類型則是短期指標變成了任務本身，而且反過來阻礙眞正的目標（追求全壘打的壓力導致某幾位選手開始服用類固醇，最後東窗事發）。

業績是眞的，但成就是假的

第一種類型的虛假成就反映出「水漲衆船高」的概念。如果你經營的事業正在水漲船高，就會讓人有股衝動想忽略漲潮這項因素，並宣稱成功都是自己的功勞。這種狀況就發生在一九九〇年代的美國，當時全國各地的犯罪案件量都急遽下降。不管哪一座城市，所有警察局長看起來都像是創造奇蹟的功臣；儘管有數十種不同的執法理念，但感覺每一種都很正確，因爲無論何處，犯罪事件都在減少。「這麼說好了，九〇年代全美國在任的警察局長，現在都擁有一家獲利頗豐的顧問公司。」芝加哥大學犯罪實驗室的延斯．路德維希（也就是我們在第六章認識的那位學者）直言，「相對的，在八〇年代末期快克、古柯鹼流行時任職的警察局長，幾乎沒有人擁有獲利不錯的顧問公司。」

補充一下，這並非暗示取得虛假成就的人是騙子。在這些人眼中，以及在他們所幫助的人眼中，成功是貨眞價實的，畢竟美國每一座城市的犯罪數都在下降。然而在這些人的個人故事中，因果關係很可能有謬誤。

不論是哪一種類型的虛假成就，幾乎人人都可能受騙，就連獲得「成就」的當事人也不例外（或者可以說，這些人尤其容易受騙）。唯有非常仔細地檢視，才有可能發現其中的漏洞，也就是表面上的成就與實際並不相符的跡象。對波士頓市工務處技術長凱蒂．崔而言，這類令人感到焦慮的線索，最初來自她於二〇一四年委託製作的兩份地圖。

凱蒂．崔的職責之一，是判斷要如何運用修繕人行道的經費。第一份地圖顯示的是市內人行道的現況：爲了製作出這份詳盡的地圖，相關團隊歷經千辛萬苦，在波士頓的冬季走遍總長超過二五〇〇公里的人行道，並評估每一段道路的狀況。結果有三成的人行道被標示爲紅色，意思是狀況不佳。

第二份地圖則是呈現出某一類市府熱線通報電話的熱區地圖，尤其是要求修繕人行道的電話。凱蒂．崔的團隊一直都是參考市府熱線的資訊，來指示人行道維護的工程人員。如果有波士頓市民來電通報行人道毀損，市政府就會把投訴內容排入等候名單，並在資源允許的情況下，派出人員完成修繕。

凱蒂．崔把兩份地圖相互對照後，認為一定有地方出了很大的問題。在波士頓收入最低的地區，市府管轄的人行道狀況非常糟糕，但這些地方卻沒有進行修補，因為市府熱線電話有很高的比例是來自富裕地區，而這些通報電話會直接影響修繕經費的用途。

換句話說，在波士頓，會吵的小孩有糖吃。這裡的「小孩」就是有錢人。

凱蒂．崔的團隊無意間給了低收入居民差別待遇，但這種不平等現象卻一直不著痕跡地隱藏在團隊評估自身績效的方法中。評估人行道的團隊工作成果有三種方式：首先是檢視支出。市政府將波士頓分為三大區以便管理，每區分配到的人行道修繕預算大約都是一五〇萬美元。第二種指標是已修繕的人行道面積，這是為了評估團隊的生產力。第三種指標（也是最後一種），則是市府熱線通報電話的結案數量。

三個再合理不過的簡單指標結合在一起，就可以同時兼顧平等、生產力和選區服務的原則。不難看出為何波士頓市政府會依這些指標行事多年，且從未想過提出質疑。一直到對比這兩份地圖和因此產生自我檢討的心態後，凱蒂．崔才發現這些措施有多麼扭曲。

把城市分成三等分並投入相同的經費，並不能在任何層面上保證平等，因爲各區經費的用途最終還是取決於誰打了市府熱線電話。三大區之中的富裕社區就是獲得了不成比例的服務：市府有大約四五％的修繕資源，都投入在被評爲狀況良好的人行道上！

你可能會想問，爲什麼低收入區的市民不打電話投訴呢？他們也同樣有使用市府熱線的權利啊！最簡單的答案是，根據他們遭遇過的各種對待，幾乎都顯示出市府並沒有興趣把資源挹注在他們身上，只要到低收入的社區看一看，就能理解這個道理。法蘭克・皮納是低收入地區葛羅夫霍爾的居民，接受採訪時，他帶著《波士頓環球報》的記者去看他家門前的人行道，上面有蜘蛛網般的裂縫，而且多年來都沒有獲得改善。當記者問他，爲何不打電話請市政府來修繕時，他回答：「沒有用的。」

有錢人認爲自己一定可以得到服務，所以選擇打電話投訴，最後也確實獲得服務。窮人認爲自己一定會被忽視，於是他們選擇不打電話，最後當然遭到忽視。波士頓就這樣創造出兩套自我應驗預言（self-fulfilling prophecies）。

市政府決定工作優先順序的方式更加劇了這項問題的嚴重性。想像一下，你是工程人員之一，眼前需要處理的修繕要求多到永遠無法完成；同時你也清楚知道，完成的修繕數量會影響到自己的考績。那麼，你會如何決定工作優先順序？當然是以簡單的工作優先，也就是可以快速完成的修繕作業，而這樣的動機會導致相當荒謬的後果。舉例而言，二〇一七年，波士頓的修繕作業有一五％是在修復狀況不佳的人行道，但這些人行道在修繕完成後，還是被評為狀況不佳（這表示工程人員可能修好了其中一個坑洞，卻忽略了不遠處的另一個坑洞）。有點類似外科醫師看到病人身上有三處槍傷，縫好其中一個傷口後，就因為自己提供了快速服務而洋洋得意。

找到正確的問題，而非簡單的問題

值得敬佩的是，凱蒂．崔果決地採取行動來處理這些問題，並很快取得市長與市府高層對這項行動的支持。她提出的第一個問題是：我們究竟想透過修繕作業達到什麼目標？應該優先處理的是：可步行性和平等。人行道應該要方便行人往來不同地方——與其修補某些凹凸不平的死巷，還不如針對人潮眾多的區域進行類似的修繕作業來得重要。而最需要提升可步行性的地點，就是那些過去一直遭到忽視的區域。

在凱蒂．崔採取行動前，市府用於維護人行道和小型修繕的四五〇萬美元預算中，大約有三五〇到四〇〇萬是用在解決市府專線的投訴內容；現在的統計數字則是約一〇〇萬美元。原因在於工作的優先順序改變了：最先受到幫助的市民並不是聲音最大的一群，而是最需要幫助的。現在的修繕預算中，有一大部分用在策略性和主動型計畫，專注於整修能帶來最大效益區域的受損人行道。「我們要服務真正有需求的市民，也就是那些自覺沒有獲得資源、覺得自己可能眞的會在某個時間點被政府拋棄的市民。」凱蒂・崔表示。

不過，請不要誤以爲上述的成效得來全不費功夫，而且會一直持續下去。儘管這項變革的風險相對較低（畢竟四〇〇到五〇〇萬美元只是市政預算的一小部分），但是凱蒂・崔還是需要市長的奧援，由此可見其中涉及的敏感政治問題。此外，如果比較「會吵」的波士頓市民認爲此舉將導致他們的人行道修復時間變長，這些市民就會開始找政治人物陳情。那麼接下來會發生什麼事？

凱蒂・崔遇到的另一個難題是，該用什麼指標來取代先前衡量成效的方法？現在團隊的目標已經夠明確了：把人行道修繕經費當做施力點，在波士頓最弱勢的社區提升步行的實用性。但究竟要如何衡量這一點？理論上，應該會有統計數字顯示步行到學校、公園和公司的人數，包括上班前和下班後兩個時段，這樣一來，如果人數增加，就表示有成效。但要增加多少才會令人滿意？又要從什麼地方取得這些行人人數？要透過監視器取得資料？還是要把隱私問題看得比統計更重要？要僱用人力站在十字路口拿著計數器，有人經過就按一下嗎？

雖然聽起來很詭異，但波士頓市政府眞的嘗試這麼做，只是花費相當昂貴。

波士頓市政府過去採納的指標之所以一直沿用，有部分原因是這些指標既輕鬆取得又容易理解。心理學家丹尼爾・康納曼在著作《快思慢想》中指出，人類的大腦遇到複雜的狀況時，通常會暗自執行取代性作業，把艱難的問題替換成簡單的問題。

「多年前，我拜訪大型金融企業的投資長，他告訴我，他剛剛投資了幾千萬美元，買進福特汽車的股票。」康納曼在書中寫道。「當我問他如何做出這項決策時，他回答說自己最近參加了汽車展，並對福特汽車留下非常好的印象。『天啊，他們眞的很懂得生產汽車！』就是他的解釋……這位投資長面對的問題（我應該要投資福特的股票嗎？）相當困難，但回答較簡單且相關的問題（我喜歡福特的汽車嗎？）很容易，這個答案就這樣左右了他的選擇。這就是直覺式經驗法則的本質：面對困難的問題時，我們通常會改爲回答另一個比較簡單的問題，也通常不會注意到自己替換了問題。」

在波士頓的案例中，容易回答的問題是：「我們在各個區域花了多少經費？」「我們有沒有妥善處理市民的投訴？」「我們修好了多少面積的人行道？」這些都不是正確的問題，卻是很簡單的問題。

這種用簡單問題替換困難問題的謬誤，不論是下游行動或上游行動都會出現。然而上游行動的特點之一就是橫跨的時間較長，因此會衍生出第二種替換謬誤。經濟學家蘇珊·埃塞和麥可·盧卡在研究論文中提到，有家科技公司在思考要如何衡量電子郵件行銷活動的成效。起初是以促銷電子郵件而產生的銷售量來進行評估，但這種做法並不精準，因爲顧客接觸到促銷訊息與下單之間可能會相隔數週，而且如果要確認顧客的購買行爲和其所收到的電子郵件有相關性，會是非常複雜的作業。於是這家公司改採新的評估指標——開啓率，也就是開啓行銷電子郵件的收件人百分比。開啓率可以在短時間內觀察到，數小時內就能完成統計，而且相當實用，可以迅速評估簡單微調電子郵件訊息後的效果。由於行銷人員在內容上的創意調整，開啓率很快就開始上升。

然而沒過幾個月，公司就知道出現問題了：電子郵件所帶動的銷售量大幅減少。爲什麼會這樣？埃塞和盧卡的分析是：「成功的電子郵件（以開啓率做爲評估指標）雖然有吸引目光的標題，但其中也含有部分會誤導客戶的承諾。」（想想看某些政治人物寄來的電子郵件就知道了：你的小事，都是我的大事。）高層選擇的短期指標和公司眞正的目標（提升銷售量）並不相符。

選擇錯誤的短期指標可能導致上游行動的前景堪憂，儘管短期指標確實是不可或缺的工具。短期指標具有關鍵的導航輔助功能，以芝加哥公立學校系統的例子來說，學區的領導團隊眞正關注的目標是提高畢業率，這是他們的任務。但團隊沒有辦法等上四年，才能證明自己的理論確實有效，他們需要用近似的指標來指引行動方向，也讓他們有機會隨時調整。「新生步入正軌指標」就是第一項指標，但就連這項指標所橫跨的時間也太長；畢竟你無法等到第一學年結束後，才去確認學生是否脫離正軌，因爲等你知道學生眞的不在常軌上的時候，傷害已經造成。因此學校高層開始觀察出席率和成績，這些都是可以每週審視和調整的指標。他們的改變理論如下：如果可以提升出席率和成績，就可以改善學生的表現，進而提高學生畢業的機率。這個案例的短期指標是很精準的選擇：就如我們在先前章節所看到的，這套計畫的成效絕佳。

選擇正確的短期指標是極爲困難且複雜的工作，而且非常重要。說實話，比處理短期指標問題更棘手的，就是完全沒設定。

追求短期指標，反而達不到長期目標

目前我們已經討論到兩種類型的虛假成就：其中一類，是**因爲行動受到大環境趨勢影響而顯得有效**，就像九〇年代宛如英雄般的警察局長，其實大多數都只是剛好遇上全國性的犯罪數量下降。第二種類型則是**出現在短期指標和最終目標不符時**，凱蒂．崔從波士頓人行道得到的啓示就是如此：市政府選擇了錯誤的短期指標。

至於第三種類型，基本上就是第二類的特例，會出現在**指標本身變成最終目標時**。這種型態的虛假成就最具破壞力，因爲在追求指標的同時，有可能對達成最終目標造成阻礙。

我自己就曾獲得這種虛假成就。小時候，父親說只要我每讀完《聖經》中的一卷書，他就會給我一美元。既然《聖經》共有六十六卷書，因此我下定決心要拿到這六十六美元的意外之財，然後立刻投資在雅達利二六〇〇[12]的遊戲卡帶。父親希望我從《創世記》讀起，然後依序把《聖經》從頭到尾讀完，但我的閱讀順序卻是《約翰貳書》《約翰參書》和《腓利門書》，也就是從最短的經卷開始讀。我清楚記得當我想向父親拿第一筆三美元的獎勵時，他臉上露出失望和不可置信的表情。

我只顧著追求指標，卻沒有把最終目標放在眼裡。

根據關．貝文和克里斯多福．胡德的論文指出，二〇〇〇年代初期，英國衛生部開始對醫院急診室的等待時間偏長感到憂心，於是擬定了新政策，懲罰那些急診等待時間超過四小時的醫院。政策推出後，等待時間確實開始縮短，然而有項調查卻揭露，這樣的成效並非貨眞價實，部分醫院會讓患者留在醫院外的救護車上，直到醫療人員判斷患者能在規定的四小時內獲得治療，他們才會把患者推進醫院。

我們都聽過類似的故事，大家操弄規定的現象屢見不鮮。「操弄」的說法其實不無道理，因爲這類故事多半就像小時候玩洋娃娃或機器人一樣，操縱者覺得自己可以任意擺弄它們。然而就大多數的上游措施而言，操弄不只是小問題，也不只是人類行爲中愛玩的一面，如果

12 Atari 2600，是由美國電子遊戲暨電腦公司雅達利在一九七七年九月發行的一款家用遊戲機。

允許人們操弄指標，這種毀滅性的力量將足以（也一定會）使最終目標難以達成。我們有必要更嚴肅地看待此事：不是「操弄指標」，而是摧毀最終目標。

現在思考一下紐約市犯罪驟減的現象。謀殺案件數在一九九〇年達到高峰，共二二六二件，之後幾乎每一年都在減少，到了二〇一八年，只剩下二九五件，降幅高達八七％；整體而言，大規模犯罪事件減少超過八成。許多觀察家認為，犯罪數量長期減少可追溯至一九九四年，當時紐約市警察局確立了全新制度「電腦分析熱點警政」（computer comparision statistics, CompStat）。必須是提醒的是，在討論相關策略的過程中，我們不該忘記「水漲泉船高」的影響——當時採用完全不同策略的其他城市，犯罪數量也同樣有所減少。

簡單來說，這套制度包含三大要素。第一，警方開始密切追蹤犯罪事件，包括蒐集資料，並在地圖上標示犯罪發生地點。第二，依規定，警察局長必須根據資料呈現的模式來分配局內資源；換句話說，如果某個社區突然發生大量搶劫事件，警方就應該調派人力到這個區域。第三，轄區的最高主管必須為降低管區內的犯罪率負責。就是最後這一點，引發了意料之外的駭人後果。請回想一下第四章提到喬伊·麥康納對於把資料用於「鑑定」的論點：當人們的福利取決於達到特定數字，就會想盡一切辦法把情況調整到對自己有利。

「降級」的危險性

二〇一八年，播客製作公司琴蕾（Gimlet Media，二〇一九年由Spotify收購）的節目《全部回覆》（*Reply All*）推出了共兩集的系列節目，專門討論電腦分析熱點警政和它帶來的後續影響。節目內容非常精采，對於所有苦惱該如何拿捏指標與最終任務之間關係的人來說，是非聽不可的教材。主持人皮杰·福格特清楚解析了當時的地方警察局長如何應對該制度強調責任歸屬的新措施：

如果你這區的犯罪數據不太好看，你就有大麻煩了。不過有些局長開始發現：等等，真正要負責追蹤轄區內犯罪的人就是我。所以如果他們沒辦法讓犯罪數量漸少，那就乾脆不通報犯罪事件。

而且他們找到了各種方法來做這件事。你可以拒絕處理受害者的報案，可以把實際發生的事記錄成完全不同的事件，也可以直接把文書作業丟到一旁。這樣一來，局長就可以通過相關會議的考驗，得到升遷機會。等到下一任局長接手，他要打敗的就是前一任做假局長設下的數字障礙，他只好做出更漂亮的數字……。

局長覺得自己要為了督察維持低犯罪率，督察覺得自己要為了市長維持低犯罪率；

然後是市長，市長必須維持低犯罪率，否則房地產價格會崩盤、觀光客會消失。這簡直就像是犯罪率本身主宰了一切。

後來，這種爲了逃避批評而簡化犯罪嚴重程度的陋習被稱爲「降級」，《全部回覆》在節目中就提到了降級的可怕例子。以下內容是主持人皮杰和退休十四年的紐約市警察局員警李奇．貝茲之間的對話（請注意！以下內容會提及強暴事件經過）：

皮杰　李奇和搭檔奉命整晚只能站在同一個街角。這裡是鎮上商業區的十字路口，所以到處都是零售商店。但當時是午夜，所有的商店都關了。像這種任務，大多數時候你就算站上一整夜、直到太陽出來，也不會有什麼事發生。但那天晚上有名男子衝到他們面前說：「嘿！那邊發生了很恐怖的事，快過來幫忙！」

李奇　「聽著，我看到有個男的把女生拖進空地，我覺得他要強暴她。」聽到他這樣說，於是我們跳上車，開車到現場，然後聽到女生尖叫。「救命、救命、救命！」我看到男的壓在女生身上，一邊毆打，一邊強暴她。所以我開始閃燈，對那個男人說：「不許動！」他停止動作後，我對他們兩個人說：「走到我這邊。」於是他們開始往前走。女生的眼睛有瘀青，兩個人的褲子都沒穿好。

皮杰　受害者開始告訴李奇事發經過，而他說，現在回想起來，還是能清楚記得對方描述得有多精準。

李奇　那位女性說：「他強暴我。我是妓女沒有錯，但是這不是交易。他攻擊我、沒經過我的同意就把生殖器插入我的陰道，還一直攻擊我。」基本上她很清楚地解釋了強暴的定義，這的確是典型的強暴事件。

皮杰　於是李奇用無線電通報這起案件，然後他的上司來到現場。

李奇　簡單來說，他試圖質問那名女子。他質問她的方式——他們就是這樣——他們會質問受害者很多次，目的就是要看你會不會稍微改變說詞。

皮杰　李奇很清楚上司的企圖，他的上司不希望把這起案件納入紀錄。所以他的做法就是一而再、再而三地質問受害者，試圖在她的說詞中找到漏洞，這樣他就有理由把這起犯罪事件當成不像強暴那麼嚴重的案件來處理。這位上司企圖把受害者的案件降級。

皮杰　他們想把罪名改成什麼？

李奇　他們想用盜竊勞務罪⑬來處理。

皮杰　盜竊勞務罪？

李奇　沒錯。

請思考一下：紐約市警察局的員警必須為強暴案統計數據負責，如果要讓數字漂亮一點，有兩種方法。第一種方法是**確實避免強暴案發生**，例如在危險區域提高見警率，以嚇阻暴力行為的發生（如果當初李奇和搭檔能提早幾分鐘抵達事發現場，就可以達到這樣的效果）。第二種方法，就是**把真正的強暴案重新歸類**成其他輕罪。在這個案例中，李奇的上司企圖把妓女遇襲事件重新包裝成「盜竊勞務罪」。第一種方法可以帶來真正的成效，第二種方法則是駭人的行為，但不幸的是，兩者在資料中看起來都一樣。

這整個議題最棘手的部分就在這裡：紐約市的犯罪數量確實減少，而且是一直減少，但是這樣的成績反而成了陷阱。隨著維持真實犯罪率下降的難度越來越高，做假數字的誘惑也就越來越大。

我們必須嚴肅看待這種操弄指標的現象。如果有一群人會因為達到特定數字而獲得獎勵，或是因為沒有達到這個數字而遭受懲罰，他們一定會做假、操弄數字、打混摸魚、大事化小。在盲目追求「達到目標數字」的過程中，人會願意在不犯法的前提下做任何事，而且沒有一絲懊悔。即便這樣的行為徹底違反最終目標的精神，他們也會用盡方法讓情況變得對自己有利。

也許我們不會每一次都墮落到做出這類舉動，但大多數人總會有這麼做的時候。

預防操弄

想像一下，有位高中校長因爲必須提高畢業率而承受龐大壓力。正確的做法是什麼呢？維持學生的出席率、仔細追蹤學生的表現，並毫無保留地爲學生提供支援。但這種做法很困難，這位校長又很懶惰，那他還能怎麼做呢？他可以禁止老師當掉學生。不管學生有沒有學到東西，只要他們有稍微付出一點努力、出現在教室裡，就應該及格、進入下一個學級，然後畢業。這就是虛假成就。夠聰明的話，校長也可以開始玩降級的遊戲，例如有學生輟學，校長可以和導師商量學生的情況，用非常寬鬆的標準來判定學生是「轉學」而不是「輟學」，因爲輟學的責任在校長頭上，但轉學不是。況且有誰會發現？誰能確認這位學生的內心深處並沒有打算在下個學期到另一所學校註冊？

13 theft of services，指藉由欺詐、恐嚇、脅迫、篡改，或使用假標誌／設施以獲取他人勞務的行為。

這麼說來，該不會芝加哥公立學校系統的成功故事只是一場虛假成就？答案是否定的。我們之所以可以確認這一點，是因爲他們有勇氣公開接受檢視。芝加哥大學學校研究聯盟的研究人員在伊蓮恩．艾倫斯沃思的領導之下，徹底分析了學區的資料，發現確實有理由認定曾發生過這種操弄指標的事件，也就是部分的輟學案例被錯誤歸類爲轉學。話雖如此，研究人員也發現，玩弄指標的事件和畢業率提升幅度的關聯性不大。

此外，研究人員也檢查了第一種類型的虛假成就是否存在，亦即大環境趨勢造就了出色成效。全國的畢業率的確呈現上升趨勢，有水漲衆船高的現象，但研究人員進一步觀察到芝加哥學區所提升的畢業率，確實比多數其他地區更高。

而爲了避免另一項風險，也就是學生畢業只是因爲成績及格，但實際學業表現不佳，研究人員同時分析了其他多項指標。出席率大幅改善，表示在實際的行爲層面有所變化，選修進階先修課程的人數和成績優良的人數也雙雙增加。不過，最具有說服力的指標，是學生在大學入學考試的表現，這是州政府規定所有學生都必須參加的測驗。「如果這些學校只是讓學生隨便取得及格成績然後畢業，應該可以預期學生的測驗成績下降。」研究人員在論文中直言，但這種狀況並沒有發生。從二〇〇三到二〇一四年，該學區學生的入學考試成績提升了大約兩分，而這樣的上升幅度反映出「近兩年的學習成果」。

芝加哥公立學校系統的成功並非虛假成就，他們所設定的指標符合最終目標，學區領導團隊達到目標的方式也相當有教育意義：他們採用的是英特爾前執行長安迪．葛洛夫稱爲「配對指標」的方法。葛洛夫指出，如果使用以計量爲基礎的評估方法，往往會犧牲掉品質。例如你根據清潔人員打掃了多少面積來計算他們的報酬，或是根據資料輸入團隊處理好的文件數量來評估他們的績效，等於是讓他們有動機隨便打掃或忽略錯誤。葛洛夫會確保數量和品質指標之間的平衡，例如清潔的品質必須由經理到場檢查；資料輸入的錯誤數量則必須納入評鑑並完整記錄。

值得一提的是，負責評估的研究人員就是採用這種配對方法，平衡考量數量指標（畢業的學生人數）和品質指標（入學考試成績、進階先修課程的選修人數）。二〇一七年，紐約市警察局終於針對電腦分析熱點警政新增了一些輔助的評鑑法：請當地市民評估他們感到安全的程度，以及對警方的信任程度。

任何需要運用短期指標的上游行動（照理說，大多數的上游行動都有這個需求），都應投入一些時間「預先模擬操弄行爲」，亦即審愼評估指標可能會如何遭到濫用。事前預期這類濫用行爲可以帶來不錯的效果，有時候甚至會很有趣，和事發後再反應有截然不同的結果。在預先模擬的過程中，應該考慮以下四個問題：

一、**「水漲衆船高」測試**：假設成效已經反映在短期指標上，那麼除了行動本身，還有沒有其他因子可以解釋這樣的成效，而我們是否已在追蹤這些因子？

二、**不一致測試**：假設我們最後得知，短期指標無法忠實預測最終目標的成效，有什麼方法能讓我們及早發現？是否有其他的潛在短期指標可取而代之？

三、**懶惰官僚測試**：如果有人想用最取巧的方式讓指標數字顯得好看，他們可能會怎麼做？

四、**摧毀最終目標測試**：假設從現在開始數年後，短期指標顯示成效絕佳，但事實上卻搞砸了長期目標，那麼過程中究竟發生了什麼事？

其實該問的還有第五個問題，但由於其中牽涉的層面實在太過複雜，所以必須用下一章的所有篇幅來探討：

五、**非預期後果測試**：假設我們成功達到目標（不只是短期指標，也包括最終目標本身），卻引發了預料之外的負面後果，嚴重程度甚至超過這項行動的價值，該怎麼辦才好？我們該注意行動之外的哪些層面？

我們都知道，立意良善並不足以確保上游行動的成功，試圖預防未來的問題總是伴隨著失敗的風險。但除此之外，還有另一種風險存在，也就是想做好事的行動，實際上卻造成了傷害。因此下一個主題就是：預測我們行動產生的漣漪效應所帶來的掙扎。

第9章 如何避免造成傷害？

麥覺理島（Macquarie Island）大約位在澳洲和南極洲西北海岸的中間點，是這一帶少數適合動物繁殖的島嶼，因此也是珍貴的候鳥棲息和繁殖中繼站。麥覺理島屬於受到保護的野生環境，除了巡查員和研究人員造訪，沒有任何人類居住。由於有各種因素綜合之故（如地處遙遠、棲息地獨特、人類活動稀少），麥覺理島上有許多罕見的動物，尤其是海鳥，例如起飛前會大步在水面跳躍以加速的藍鸌（blue petrel）——這種鳥原本叫「聖彼得」，用來紀念那位因為有強大的信念，而能從水面上走向耶穌的使徒。還有大量的企鵝及海豹棲息在這座島上。

簡單來說，麥覺理島是保育人士眼中的天堂；或者說本該如此。麥覺理島在十九和二十世紀時遭到獵人和貿易商破壞，他們不斷捕捉企鵝和海豹以取得天然油脂，並做為燃料。船員除了大量殺戮島上的原生種，還一併把外來生物帶到島上：兔子是食物來源，老鼠和田鼠則是意外的偷渡客，後來船員又引進家貓來消滅鼠類，同時也讓自己有伴（畢竟整天獵海豹是很孤單的工作）。這些外來生物在島上並沒有天敵，於是便開始把島上的原生物種當成取之不盡的吃到飽美食。

到了一九六〇年代，保育人士開始把兔子當做目標，原因在於兔子不停啃食和挖洞，對地貌造成嚴重破壞，更影響海鳥的交配，因爲海鳥習慣掘洞繁殖。有些一九六〇年代的實驗就是在測試各種毒藥是否有助於控制兔子的數量。曾有一種病毒被寄予厚望，但最後並未順利散播，於是保育人士決定要爲病毒找到適合的載體。一九六八年，他們從塔斯馬尼亞島（Tasmania）捕捉數千隻跳蚤送到麥覺理島，再把跳蚤放入兔子窩，隨著兔子的進進出出，跳蚤就能寄生在兔子身上。

放出跳蚤約十年後，整座島的兔子身上都有大量跳蚤，於是在一九七八年，保育人士引進了致命的兔黏液瘤病毒（myxoma virus）。你可能會問：要怎麼引進病毒？很簡單，就是在夜裡拿著手電筒和低功率空氣槍，把沾滿病毒的棉球子彈射向兔子的屁股。這時跳蚤就派上用場了，把病毒傳給一隻又一隻兔子。到了一九八八年，有超過十萬隻兔子死亡，島上的兔子總數降低到不到兩萬隻。

在此同時，島上的貓沒有兔子可吃，便開始把罕見的海鳥當成食物。於是保育人士的處理目標變成貓：公園管理員開始射殺貓，到了二〇〇〇年，島上的貓已經全數滅絕。但接下來，兔子的總數又開始反彈，部分原因是牠們已對病毒產生了抗體，另一部分則是因爲貓已經被殺光，兔子沒有天敵。此外，製作兔黏液瘤病毒的實驗室也已停止生產這種病毒。

最後保育人士決定：必須擴大規模。他們計畫要徹底滅絕島上的兔子、老鼠和田鼠，於是開始派出飛機空投毒餌，但除了有害的動物，還有大約一千隻原生種鳥類也因此死亡。保育人士決定再修正行動，並籌備更具野心、多管齊下的計畫，內容包括使用毒餌、射殺、用狗捕獵，以及透過加工的紅蘿蔔釋放出效果絕佳的「兔出血性病毒」（Rabbit Hemorrhagic Disease Virus）。

這波猛烈攻擊奏效了，到了二〇一四年，最後一隻兔子、老鼠和田鼠都被趕盡殺絕，當然貓也隨之消失，原生物種又再次欣欣向榮。這項計畫推行近五十年後，終於可說是大獲成功。然而，現在的麥覺理島卻飽受雜草入侵之苦，原來當初把雜草範圍控制在海灣的，正是數千隻嚼個不停的兔子，現在保育人士又要擬定計畫來研究並對抗雜草。這場戰爭還沒完。

從系統角度俯瞰問題全貌

我在寫作這本書的過程中，研究過許多案例，麥覺理島的故事是其中最讓我感到不解的一個。我花了好幾個小時想要釐清，這是個以大失敗收場的故事嗎？或是保育界的亮眼勝利？是「扮演上帝」之後遭到反撲的寓言故事嗎？還是屢敗屢戰且不斷改進的勵志故事？是下游活動的展現（不停對新浮現的問題做出反應），還是避免原生物種遭滅絕的典型長期上游措施？

我甚至無法思考這其中的道德問題：殺戮一整座島上的動物是可以接受的嗎？人類真的應該插手選擇哪些物種該活下去，哪些又該死亡嗎？如果你傾向憤怒地說「不」，你有辦法接受為了保護數千隻田鼠，而導致美麗的海燕絕種這個殘忍的事實嗎？別忘了，最初是因為貪得無饜的船員，田鼠才會出現在島上。而如果你比較同情海燕而不是田鼠，也許我們應該懷疑：自己的道德判斷是否受到物種的可愛程度影響？想像一下，如果當初船員引進的不是兔子，而是拉布拉多犬，海燕的存亡說不定會變得更岌岌可危。

由於我迫切地想參考其他人的見解，便寄了一封電子郵件給彼得．辛格，他是首屈一指的道德哲學家和《動物解放》一書的作者。我很好奇，他會如何解讀人類對麥覺理島的介入措施？他的回答是：「我不太認為人類應該讓特定品種滅絕，而不去殺死外來的動物；但如果過程極其殘忍（例如因為引進兔黏液瘤病毒，而導致數百萬隻兔子死亡），那麼我會很懷疑這種做法的正當性。」他也補充：「我們應該研發出非致命的動物數量控管方法，或者如果不可能做到，我們就應該要找到致命但可以讓牠們快速無痛死亡的方法。」我馬上就接受了辛格的論點，並把這當做自己的立場，希望能避免腦中出現更多認知失調。

生態系統非常複雜，殺死兔子後，貓就會開始捕食海鳥；殺死貓之後，兔子又會開始過度繁殖；等到同時殺光這兩種動物，雜草卻開始遍地叢生。上游措施會與複雜的系統相互影響，正因如此，我們應該要預期到行動即時影響範圍外的反應與後果。只要有東西掉到水面上，一定會引發漣漪效應，毫無例外。那麼，我們又該如何確保在讓世界變得更好的過程中，不會在無意間造成傷害？

「當我們思考一個系統時，必須花一些時間從制高點看清它的全貌，而不只是專注在一開始吸引你關注它的問題本身。」唐內拉．梅多斯在她的文章中寫道。梅多斯是生物物理學家和系統思考家，我也會在這一章裡多次引用她的著作。她指出：「我們必須了解到，為了改善整個系統而做出的改變，有時可能會阻礙系統中某部分的利益，尤是在短期之內。」

以下這個悲慘的例子正好呼應了梅多斯的論點：二〇〇九年七月，一位年輕的Google工程師經過中央公園時，正好被落下的橡木枝砸到，導致他大腦受損和癱瘓。這是一件看似純屬意外的悲劇，不過當紐約市主計長史考特．斯靜格開始分析市府為了和解必須支付的賠償金後，他注意到掉落樹枝所衍生的和解費用出乎意料地高（其中一件就是此案，和解金高達一一五〇萬美元）。好奇的斯靜格進一步調查，結果發現：過去這幾年，市政府的修樹預算一直遭到縮減，目的是為了節省支出。「不論我們以為自己在維護工作上省了多少錢，最後這些錢都用在支付訴訟相關費用。」紐約市政策副主計長大衛．薩爾滕斯托爾直言。

於是斯靜格的辦公室推出名爲「索賠熱點分析」（ClaimStat）的計畫——這名字是跟「電腦熱點分析警政」借來的靈感。二〇一四年，斯靜格宣布這項計畫將會是「資料導向的全新工具，可以在事件演變成數百萬美元的訴訟案件前，辨識出可能耗費大筆經費的問題區域」。他的團隊針對每年市政府挨告的三萬件訴訟製作地圖和索引，希望能從中找出模式。舉例來說，他們發現市政府曾在某幾年內，因兒童於遊樂場受傷共支付了二〇〇〇萬美元的和解金。根據資料顯示，布魯克林一處遊樂場的某座鞦韆引發了多起訴訟，因爲鞦韆的高度太低，導致二〇一三年時有五名兒童在遊戲時傷到腳。「其實只要有人把這座鞦韆調高十五公分，這個大問題就解決了。」薩爾滕斯托爾表示。「但沒人想到這麼做……當你開始彙集資料，就會發現起因是什麼，而且解決方法通常沒那麼複雜。」

這就是梅多斯所謂「某部分」和「整個系統」的利益發生衝突：你可以爲了省錢而削減修整樹木的預算，但最後你卻必須支付賠償金，給被落枝砸傷的無辜受害者，金額還遠高過剪樹的費用。然而相關人士並沒有發現兩者的關聯，一直到斯靜格的團隊開始彙整並研究資料，這個模式才變得顯而易見。

眼鏡蛇效應

規畫上游措施時，我們必須顧及自身行動以外的範圍，把視野放寬一點，並考量到各個層面。我們要介入的系統層級是否恰當？我們的行動會造成什麼樣的次級效應：如果試圖消除X（外來物種、毒品、流程或產品），填補這個空缺的會是什麼？如果我們投入更多時間和精力處理特定問題，哪個部分會因此較缺乏關注？而這種不關心又會對整體系統造成什麼影響？

麥覺理島的例子可能讓你認爲調整生態系實在太複雜，根本不可能實現，不過只要運用適當的系統思維，這種做法確實有效。國際組織「島嶼保育協會」的宗旨是「去除外來種，以避免島上生物絕種」，這個組織多次成功驅逐島嶼上的田鼠、貓、山羊和其他入侵物種，使得因此瀕臨絕種的動物（通常是島嶼上的特有種）得以獲救。島嶼保育協會採用的工具包括精密的成本效益分析和保育模式，例如食物網，也就是呈現出島上掠食者和獵物之間關係的組織圖，它能幫助人們預想從食物鏈中驅除特定物種後可能產生的次級效應。

「一座島嶼就是一個系統。」在島嶼保育協會擔任科學總監八年的尼克．霍姆斯指出，「如果你在系統裡引發變動，就會導致間接的後果……假設島上有山羊和外來種植物，要是你讓山羊消失，外來種植物會不會增加？」霍姆斯表示，他們會自問一連串有關間接影響的問題來評估新計畫。

爲了公平起見，我必須補充說明的是，霍姆斯並不像我一樣，對麥覺理島的干預措施持懷疑態度，我不希望讀者誤以爲他的話是在批評保育界的同伴。

不去思考次級效應可能帶來的後果，就等於災難的開端，**「眼鏡蛇效應」**就是很明顯的例子。這指的是**原本針對特定問題提出的解決方案，反而讓問題更惡化**，名稱由來是英國殖民印度時期發生的事件。當時英國的官員對於德里四處都是眼鏡蛇感到憂心。他心想：「我要用獎勵的力量來解決這個問題！」於是他發布了眼鏡蛇賞金的政策——用眼鏡蛇屍體換現金。加拿大亞伯達大學財金系教授維卡斯．莫羅特拉在播客節目《魔鬼經濟學》（*Freakonomics*）中講述這起事件：「官員預期這項政策可以解決問題，但德里居民的應對方式卻是開始養殖眼鏡蛇——至少有一部分人如此。官方一下子收到太多眼鏡蛇，並因此判斷這項計畫不如當初所預期的那麼聰明，便撤銷這項政策。然而這時候，眼鏡蛇養殖者已累積了成群的蛇必須處理，但市場沒了。那要怎麼辦才好？野放。」結果，爲了減少眼鏡蛇數量的計畫，反而導致眼鏡蛇變多。

眼鏡蛇效應的另一個例子則比較沒那麼顯而易見，亞曼沙．英珀是組織心理學家和澳洲新創公司 Inventium 的創辦人，她曾不幸地與眼鏡蛇效應交手過。二〇一四年，她的十五人團隊準備要搬遷到位於墨爾本的新辦公室，英珀花了約十萬美元裝潢，成果更是令人讚嘆不已：時髦的開放式辦公室，裡頭有兩張長形訂製木桌，挑高三米六的天花板上裝了採光窗，自然的光線得以灑落在整間辦公室，牆上則裝飾著一片片塗鴉。客戶踏入這裡的瞬間，就會馬上感受到創新公司該有的氛圍。這個辦公空間很完美——工作時例外。

「下班時，我總是想『**我今天根本沒有完成什麼工作，整天都只是在收發電子郵件、開開會，然後一直被同事干擾。**』」英珀坦言，於是她開始在晚上或週末認眞工作。

英珀和團隊原本以為開放空間可以促進面對面的合作，沒想到弄巧成拙。「我根本不會在那裡進行面對面談話，因爲所有人都會聽到。」英珀表示。而就算有人眞的開口說話，辦公室裡的每一個人都會因此受到干擾，以至於無法進行深度專注的工作。於是英珀開始在早上從咖啡店遠端工作，並允許同事採取相同的做法，所以最近不管什麼時間，通常都只有兩、三個人在辦公室裡。

哈佛大學學者伊森·伯恩斯坦和史帝芬·土爾班二〇一八年的研究，證實了英珀的經驗。他們研究了兩家全球前五百大企業，這兩家公司都準備要遷移到採開放空間設計的辦公室。在搬遷前後，有許多員工自願配戴「社交計量徽章」（sociometric badges），這種裝置會偵測員工的動作，並記錄他們談話的頻率與對象（裝置並不會記錄員工的對話內容，只會記錄他們開口說話的事實）。研究的目標是解答關於開放空間設計最基本的問題：這種設計是否能促進面對面互動？

結果答案實在明顯到令人莞爾：兩家企業的面對面互動率都驟降了大約七成，在此同時，電子郵件和簡訊活動卻爆增。當一群人被安排在較接近彼此的空間，以便促進對話時，交談的頻率反而降低了；眼鏡蛇再度出擊。

在這種情況下，我們必須解開常識中互相矛盾的部分，才不會讓人感到混亂。一方面你心想：當然，讓一群人靠近一點，能確實促進他們的合作！因爲這是很基本的社會學理論。但另一方面，你又想到：不對，看看地鐵或飛機就知道了。一群人擠在一起的時候，每個人都會想盡辦法保留一點私人空間，不論是用耳機、書籍或別有深意的不友善眼神。那麼我們怎麼有辦法事先得知該相信哪一種常識？

通常就是沒辦法，這正是我們必須進行實驗的原因。「請務必謹記，**你所知道的一切，還有每個人所知道的一切，全都只是理論模型而已。**」唐內拉．梅多斯指出，「你要把自己的模型拿到現實世界去試，邀請其他人來挑戰你的假設，再把他們的想法補充進去……當你不知道該怎麼辦的時候，不要虛張聲勢，也不要僵住不動，你該做的是學習。學習的管道就是實驗——或者套句哲學家巴克敏斯特．富勒的話：『嘗試後，如果發現錯了，就再試一次；又錯了，就再繼續試。』」

英珀回想開放辦公室的失敗經驗後表示，自己當初應該和員工一起在墨爾本的維多利亞州立圖書館進行一些實驗才對。這座圖書館有各種不同類型的環境，不論是開放空間、合作空間，還是較偏向單人的空間。如果英珀的團隊當初曾嘗試過其中幾種空間，並觀察環境如何影響團隊的生產力和心理狀態，也許就能幫助他們設計出更符合自身需求的辦公室。

建立回饋循環

實驗成功的要件之一是即時又可靠的回饋訊息。大家不妨從導航系統的角度來思考：前往沒去過的地點時，我們需要隨時得知自己的所在地，因此會緊盯著 Google 地圖上的藍點。但上游措施卻經常缺乏這種資訊。以開放辦公室的案例來說：要如何得知團體合作有沒有增加？大部分的雇主可沒有能記錄員工對話的「社交計量徽章」。也許雇主可以在年度員工調查中新增一道問題，好得知員工對於遷移辦公室的意見，不過這種頻率偏低、在特定時間點取得的回饋資訊並不足以發揮導航的功能。這就像是開著一輛沒有窗的汽車，每過一個小時才能收到一張車外環境的相片，這樣永遠都到達不了目的地；再考量到其中的風險，瘋子才會想這樣試試看。

「我想提醒的第一件事就是，絕對要有心理準備，不論你的計畫是什麼，都一定會出錯。」曾任職於美國智庫蘭德公司研究員的安迪．哈克巴斯直言。哈克巴斯曾經參與美國聯邦醫療保險和醫療補助的計量系統設計。我問他，如果有人想要設計一套能讓世界變得更好的系統，他會有什麼建議。「要知道系統有沒有出錯的唯一方法，就是準備好一套回饋機制和指標系統。」

哈克巴斯的論點是，成功的關鍵不在於精準預測未來，而是確保我們可以取得導航所須的回饋資訊。說得更明確一點，我們當然可以（也應該）預期到部分後果。就像如果沒有預期到兔子消失後，外來種雜草會失控生長，那麼這就是失敗的系統思維。然而我們不可能預期到所有可能性，錯估行動所造成的後果也在所難免，只是若沒有持續蒐集回饋資訊，就無法得知自己錯了，也沒有辦法修正行動方針。

我和哈克巴斯見面後沒多久，另一段談話又再次佐證了他的觀點。當時我有機會和一位物理治療師對談，她的患者主要是接受乳房切除術後進行復健的女性，因爲這種手術通常會導致肌肉疼痛和行動困難。這位物理治療師說了一件讓我大吃一驚的事：「復健時，病人只要脫下上衣，我就可以看出她的主刀醫師是哪一位，因爲手術留下的疤痕全都非常不同。」她說，其中一位腫瘤外科醫師很有留下美麗疤痕的本領；另一位則是向來不會把疤痕處理得太美觀。

我有點爲那名醫術沒那麼精湛的外科醫師感到難過（當然更爲他的患者感到遺憾），也許他一直到退休都不會知道，自己可以再多做一點來幫助女性患者。當然你可以責怪那位物理治療師不公開告知她的觀察，但如果你在未經允許的情況下，直接連絡上司的上司，並批評上司的工作表現，最後會發生什麼事？這是制度面的問題，物理治療師的意見很難直接回饋給外科醫師。

有回饋循環，才能促進改善，就算制度中沒有這種循環，也可以從頭建立。不妨想像一下，就乳房切除術而言，患者在後續追蹤回診時，也許可以包含自動拍攝手術疤痕的影像，而這些影像會和其他醫師經手的病例製作成對比圖，再回傳給主刀醫師。甚至可以採取更激進的做法：患者也許可在手術之前先看過對比圖，以做為選擇主刀醫師的參考。

在此補充一點：首先，整形外科醫師通常會向患者展示這類照片，不過上述的物理治療師是與腫瘤外科醫師合作，而這些醫師負責的手術多半都是乳房切除，而不是重建。第二，很顯然的，病患想改善的並不是細小的疤痕，而是能健康地從癌症中痊癒。因此這裡的假設是，理想的制度也許能兼顧健康和美觀層面的成效。

放棄抱怨，分享正面經驗

不如想想看那些自然存在的回饋循環。例如你在銷售汽車的過程中，會取得有關銷售量、客戶滿意度、產品品質和市占率等資料，還有外部評鑑能確保公司誠實行事，包括客戶評價、消費者權益相關單位的分析，和國際市調機構的研究。長期而言，這些資訊等於是在促使企業生產出品質更好的汽車。請反過來思考一下，如果這些回饋資料大多不存在，如果你只是每天埋頭生產汽車（眞正的「閉門造車」），然後希望好運降臨呢？但基本上，我們的教育制度就是如此。

確實，標準化的測驗分數是很重要的回饋資料來源，但面對這些資訊，我們有做出**什麼改變**嗎？舉例來說，如果有多到不成比例的八年級生都無法在數學課拿到好成績，七年級和八年級的老師會因此開會並重新設計下學期的課程嗎？就算老師眞的這麼做了，每年還是只有一次回饋機會（也就是學期末）。請想像一下，如果老師每天都能即時取得資訊、可以即時發現哪些學生並未出席前幾堂課，以及哪些學生占用太多上課時間呢？如果老師可以根據前一晚的功課，得知學生最難理解的是哪些概念呢？或是根據整所學校的資料，得知哪位同事教授特定課程的方法最有效？

儘管只要是老師，多少都具備這類直覺判斷的能力，有些人甚至會建立個人化系統，好完成這些工作，並讓自己能持續進步，但改善工作不該仰賴英雄主義。網路行銷訊息之所以持續進步，並不是因爲有人做出了英雄之舉，而是因爲回饋資訊既迅速又精準，不進步幾乎是不可能的事。

簡單來說，如果要改善教育制度，我們當然可以試著擬定出完美的介入措施，包括全新的課程規畫和模式，然後期待有最好的成果。或者，我們可以姑且採用還不錯的解決方案，而由於解決方案內建充分的回饋循環，自然而然就能隨著時間改善。系統思考推崇的正是第二個選項。

那麼，要如何建立回饋循環呢？我們用「員工會議」這個簡單的商界範例來說明吧。員工會議是典型的人類活動（就像肉搏戰和如廁訓練），而且永遠不會進步。我們為了會議進行很多練習，不過就如麥可·喬丹曾說的：「你可以一天練習投籃八小時，但如果技巧不正確，那麼頂多是變得很擅長用錯誤的方式投籃。」

有家企業就專為會議建立了回饋循環：層峰會計師事務所（Summit CPA Group）是成立於印地安納州韋恩堡鎮、規模約四十人的會計公司。二〇一三年，經營者做出決定，要在全公司推行遠端工作。這是符合潮流的決策，但是有其後果。由於員工再也無法面對面接觸，網路會議便成了他們主要的交流管道。

起初，會議以大家都很熟悉的方式出現了問題。共同創辦人喬迪·格倫登表示：「一定會有些人不停發言，然後主導整段對話。有些人一句話都不說，還有介於中間的人。」更糟的是，主導對話的人多半都在頻繁抱怨和批評，公司甚至開始失去人才，因為他們發現員工的互動實在太過負面。

於是公司開始改變。他們在會議中安排主持人，並採用新的議程架構，而其中一個環節是所有與會者都必須分享上週的正面經驗。儘管聽起來有點老套，而且剛開始有些人會試圖逃避發言，但沒過多久，這樣的流程就變成了常規。強調正面經驗的做法不僅改變了氛圍，更提供了學習的場域：員工開始分享各式各樣的建議，從如何面對棘手的客戶，到如何讓報告更精簡。除了有架構的議程，公司也在會議中加入回饋循環：每場會議結束時，每位與會者都要以口頭方式用一到五分爲會議評分。接著主持人會請給出不同於平均分數的人說明，爲何這次會議特別有／沒有幫助。每當有人提出抱怨，不論是討論時間過長或問題懸而未決，這些缺點最後都會改善。會議品質得以穩定提升，正是因爲公司確立了回饋循環。現在這家企業的線上會議可以穩定取得四．九分（滿分五分）的評價。

話說，班．艾佛列克的電影《會計師》在電影評價網站 IMDb 只拿到了三．六五分（滿分也是五分），顯然他很需要建立回饋循環。

系統思維並非一蹴可幾，但很有用

這一章開頭的問題是：要如何避免造成傷害？我們看到，有智慧的領導人會試圖預估超出眼前行動範圍的次級效應，例如島嶼保育協會的食物網思維和紐約市電腦分析熱點警政的資料模式。同時我們也了解到，預測所有可能性是不可能的事，因此我們需要仰賴仔細的實驗，並把回饋循環當做指引。

以上述觀念為基礎，我們可以列出一些問題來引導決策過程，好幫我們判斷是否該採行特定的上游措施：一、**以前有沒有人進行過類似的措施？**如果有的話，就有相關的結果和次級效應可供參考。二、**這項措施能否進行小規模試驗？**如果可以的話，就算想法有誤，造成的負面效果也會比較有限。三、**我們有辦法建立回饋循環，以迅速做出改善嗎？**四、**如果我們的措施在無意間造成傷害，能否很容易地改變或取消行動？**

以上若有任何一題的答案是「否」，在繼續採取行動前，我們應該非常審慎地評估。想當然耳，幾名同事在墨爾本的圖書館體驗開放辦公室座位規畫的「實驗」，和科學家利用基因編輯技術操縱動物品種的「實驗」有著巨大的差異，因此請不要誤以為這一章強調的實驗是在宣揚「快速行動、打破陳規」。

推動上游行動必須保持謙卑，因為即便只是簡單的介入，也可能導致情況在一夕之間變得更加複雜。最後讓我們再看看一個應該很容易理解的例子：減少一次性塑膠袋的使用量。環保人士把塑膠袋視為施力點，因為儘管塑膠袋只占整個廢棄物流的一小部分，造成的環境傷害卻大到不成比例。塑膠袋又輕，又會隨風移動，往往會被吹進下水道系統，不僅對海洋生物造成危害，也汙染了海灘。

話說回來，塑膠袋其實是非永續思維的象徵：工廠大量製造塑膠產品（光是在美國，每年塑膠袋用量就估計高達一兆個），而且即使過了幾百年也不會分解，一切都只是為了方便消費者把購買的商品帶回家，接著塑膠袋馬上就會變成垃圾。反正別再用塑膠袋就對了，連想都不用想。

根據系統思維，我們會先從「可能的次級效應」開始思考：禁用塑膠袋之後，會用什麼東西來取代？消費者的選擇可能會是：一、使用更多紙袋；二、攜帶環保袋；或是三、不用任何袋子。

這時我們即將迎來第一個意外發展。儘管從防止下水道汙染的觀點而言，紙袋和環保袋顯然是比塑膠袋更好的選擇，但就其他層面而言，這兩種袋子的缺點更多。相較於塑膠袋，紙袋和環保袋的生產和運送過程會消耗更多能源，導致碳排放量增加。英國環境局估算了不同類型袋子「每使用一次」對氣候變遷造成的影響，結論是紙袋必須重複使用三次、棉製環保袋必須使用一三一次，每次使用所造成的環境衝擊才會下降到和塑膠袋一樣；更不用說製造紙袋和環保袋造成的空氣汙染和水汙染比製造塑膠袋更多，回收的難度也更高。所以現在我們不得不釐清部分vs.全體的衝突：如果我們的目標是保護下水道和海洋生物，禁用塑膠袋就是個好主意；但如果我們的目標是改善整體環境，答案可能就沒那麼明確了，因爲有很多相互衝突的影響要考量。

另一個棘手的部分是，在設計禁令時必須非常謹慎。二〇一四年，芝加哥通過的法令禁止商店在結帳時提供輕薄的一次性塑膠袋。那麼商店的應對方法是什麼呢？沒錯，就是在結帳時提供較厚實的塑膠袋。零售業者設想消費者可以重複使用這些塑膠袋，但想當然耳，大部分人都沒有這麼做，眼鏡蛇效應再次出現：爲了環保減塑所發起的行動，反而導致塑膠用量增加。

實驗促進學習，學習則能促成更好的實驗。加州在二〇一六年通過的限塑令並沒有造成厚塑膠袋的漏洞，不過禁令造成的影響之一是小型和中型塑膠垃圾袋的銷售量爆增——據推測，可能是因爲消費者原本會把商店提供的塑膠袋當做家裡的垃圾袋，一旦不提供塑膠袋後，消費者就開始購買替代品。經濟學家蕾貝卡．泰勒的研究發現，因爲限塑令而減少的塑膠用量中，有二八．五％轉換成其他袋子的用量，因此抵消了禁令的部分效果。話雖如此，二八．五％總比一〇〇％好，這項禁令確實大幅減少了一次性塑膠用品的用量。值得注意的是，爲了全面評估這項議題，必須有人仔細追蹤替代產品的銷售量，因此建立了回饋資訊的來源。

但後來又衍生出眞正出乎意料的後果。有些人把二〇一七年聖地牙哥爆發致命A型肝炎的原因歸咎於缺少塑膠袋。爲什麼？因爲遊民習慣用塑膠袋處理排泄物，一旦塑膠袋的數量銳減，他們只能改用其他更不衛生的方法處理。

不曉得你現在的感想是否和我當初蒐集這項研究相關資料時的反應一樣：震驚不已、灰心喪志，還帶有一絲惱怒。如果就連限塑政策都會引發這麼複雜的風暴，我們怎麼可能有辦法解決人類社會所面臨的艱鉅問題？

幫助我脫離悲觀泥淖的是唐內拉・梅多斯的話：「不要虛張聲勢，也不要僵住不動，你該做的是學習。」。她抱持的觀點是：這一切都很困難，但我們確實在學習。做爲一個群體社會，我們有在學習。不如想想看，就算只是想單純分析限塑令這類政策，也需要滿足各種條件：電腦系統、資料蒐集、網路基礎架構，更不用說需要對環境系統有深刻了解、懂得如何規畫實驗的聰明人，才能爲不同規模的政策提供見解。能像這樣提供具科學證據的基礎架構，才剛出現在人類歷史裡沒多久；而說到上游思維，我們都只是新手而已。

二〇一六年，芝加哥撤回引發眼鏡蛇效應的限塑令，市議會通過的替代政策是結帳時無論加購紙袋或塑膠袋，都必須收取〇・〇七美元的費用，並於二〇一七年初開始推行。結果如何呢？成效相當不錯。經濟學家塔蒂亞娜・賀默諾夫領導的研究團隊在多家大型零售商店蒐集資料，並發現在加收費用前，大約有八成的消費者會使用紙袋或塑膠袋，但是要加收費用後，大約只剩下五成的消費者會這麼做。那其他三成的人做了什麼？有時候他們會自己準備袋子，有時候則不使用任何袋子，把購買的商品帶走。至於那些繼續購買袋子的五成消費者，叮咚！他們自願支付的費用爲市政府提供了額外資金，可用來服務廣大的市民。

芝加哥市政府高層試過禁用薄塑膠袋；起初雖然失敗了，但他們知道失敗的原因爲何，於是後來嘗試了不同的方法，最後的成效確實比較好，希望這樣一來，其他城市就不必再親自嘗試比較笨的禁令。這個過程當然很緩慢、很枯燥又很令人挫折，但我們終究會集體培養出更有智慧的系統思維。唐內拉．梅多斯的論點值得放在本章的結尾：「系統無法控制，但可以設計和重新設計。我們不可能帶著十足把握在沒有意外的世界闖蕩，但我們可以預期有哪些意外並且從中學習，甚至從中獲益……我們無法控制系統，也無法徹底摸清系統，但我們可以和系統共舞！」

第10章
誰要爲沒發生的事付出代價？

在一場於密西根州巴特溪市舉辦的公衛研討會中，隸屬於州衛生部的阿諾德・克拉克教授，透過演說大力批判美國對預防措施的投資不足：「看看我們密西根州到底爲了預防疾病花了多少錢，巴特溪市的各位又花了多少錢？這座城市大概有四十五名醫師，我想他們每個人的年收入大約是二十萬美元，這表示你們生病後治療的費用大概是每年九百萬元。」

「現在來看看各位花了多少錢預防自己生病？」克拉克教授繼續說道：「大概不超過五萬美元吧。市政府有衛生官員，各位每年大概只給他五萬元來杜絕巴特溪市的傳染病。現在來談一談預防勝於治療……有些人認爲自己一直活得好好的，所有任何花在預防疾病和死亡的錢都是浪費。各位應該都聽說過有人決定停止投保壽險，只因爲保費繳了二十年，卻從來沒有因此享受到任何好處。這座城市、這個州、這個國家的政策好像經常都是如此。」

克拉克教授發表這場演說是一八九〇年的事（我只有把美元換算成現在的價值，除此之外其他都是原句引用），直到今天，公衛專家仍在強調相同的論點：預防勝於治療。說實話，這眞的太令人憤怒了，因爲自克拉克教授發表演說以來的一百多年裡，已有大量的證據顯示預防和公衛有絕佳效果：看看我們的平均壽命就知道了。

付出代價的是誰？

一九〇〇年那年出生的美國人平均壽命是四七．三歲；到了二〇〇〇年，平均壽命已經增加到七六．八歲。這顯然是很長足的進步，不過我們有必要釐清這些數字代表了什麼，又不代表什麼。

「平均壽命」是包含所有人口在內的平均值。假設某個群體共有五人，其中一人活到七五歲，其他人則是分別活到九一、七〇、六六和八二歲，最後計算出來的平均壽命就是七六．八歲。**平均值會導致差異性變得不明顯**，請牢記這一點。

然而，有時候平均值不僅**無法忠實呈現暗藏的現實，還會徹底抹去眞實情況**。舉例來說，有件事讓我感到十分訝異：似乎有很多絕頂聰明的人認爲，一九〇〇年的平均壽命爲四七．三歲，等同於「以前的人壽命明顯較短」。我猜在他們的想像中，我們的祖先邁入四〇歲之後，就會踉蹌地拄著拐杖還戴著一口假牙，就算想把自己的事情處理好，也都手忙腳亂的。果眞如此，一九三五年的《社會安全法》就會是很殘酷的笑話：沒錯，你可以從六五歲開始領取退休金，也就是你死後再過二十年（瘋狂大笑）！

那個年代典型的壽命分布絕對不是像這樣：四六、四八、五六、三九和四八歲，最後算出平均值是四七．三歲，而是比較類似這樣：六一、七〇、七五、三一和零歲。一九〇〇年正值世紀交替之際，幾乎每五名孩童中，就會有一人在五歲生日前死亡。

事實上，現代人類的自然壽命和一百年前相比，並沒有多大差異，眞正的差異在於我們救了很多人，尤其是嬰幼兒，成功避免他們早夭。關於這一點，你可能有注意到克拉克在上述呼籲中特別強調「傳染病」，這是因爲在他的年代，大約有三分之一的人口死於傳染病（例如肺炎、流感、結核病和白喉），其中包括大量的孩童。如今，因這些傳染病而死亡的人數已從一九〇〇年的三三％，下降到二〇一〇年的低於三％。

這樣的下降趨勢要歸功於什麼？當然是上游行動。加強衛生、提升水質、巴氏滅菌法（加溫消毒）、改善生活條件，再加上下水道系統的完備、抗生素與疫苗問世。然而即使已獲得如此了不起的成就——如果沒有這些措施，你家的族譜裡，每五個小孩就有一個夭折——公共衛生仍必須非常努力地尋求資源。

「我們對有助於促進民衆健康的服務和政策投資不足，但民衆需要這些才不會生病、受傷或面臨我們明知可避免的過早死亡。這實在太悲慘了。」公衛政策組織「美國健康信託」（Trust for America's Health）理事長約翰．奧耶巴赫表示。根據美國健康信託統計，二〇一七年全美專門投入公衛領域的總經費是八八九億美元，僅占醫療總支出的二．五％。

公衛措施會因爲成效明顯而受到實質上的懲罰。「在公衛領域，如果你善盡職責，他們就會砍你的預算，因爲沒有人會生病。」曾主持過全球健康計畫並協助軍方防治傳染病的醫師茱莉．帕夫林直言。她的言論也確實直指問題核心：醫療制度中的「以量計酬模式」對反應措施比較有利，而不是預防措施。

「我們願意每年花四萬美元在胰島素上，卻不願意花一千元避免有人得到糖尿病。」美國聯邦醫療保險和醫療補助服務中心（簡稱「醫保中心」）的前副主任派屈克．康威表示：「我們應該依『價值』付費。想像一下，如果一輛車因爲花了比較多的時間打造，所以比較昂貴，根本毫無道理可言；如果用這種方式付費，汽車的品質既不會變得比較好，也不會比較便宜。」

有一次，我無意間聽到有人提及，美國民眾接受MRI掃描的機會是全球之最，顯然比起其他國家，美國人可以更迅速且頻繁地接受MRI檢查。但因此引以爲傲，感覺有點像是吹噓美國人在機場接受安檢搜身的次數領先全球——我的意思是，如果身體眞的有什麼問題，當然希望可以快點找出病灶，但我們眞正該追求的，是成爲「全身健檢需求量最低」

的國家。而且依照吉爾．沃爾奇的烏龜／兔子癌症比喻（詳見第七章），我們可能會因爲這種檢查，發現其實不需要處理的問題。這則關於MRI的評論凸顯出醫療以量計酬制背後另一個比較簡單的概念：如果有人付錢請你做某件事，你就會更常做這件事。這也難怪美國人接受牙科X光檢測的次數同樣「領先全球」，更遑論如果美國運輸安全管理局的專員是依照搜身次數支薪的話，會發生什麼事。

總而言之，如果問題出現後確實解決了，就表示反應行動有效果；但如果什麼問題都沒有發生，則表示預防行動有效果。那麼誰要爲**沒發生**的事付出代價？

得到好處的是誰？

這並非無法回答的問題，畢竟**總要有人**爲沒有發生的事付出代價——你也不例外（想想定期保養愛車預防了**哪些問題**）。然而要建立資助上游行動的付費模式，卻是個複雜到超乎想像的任務，這也是我們之所以要在這一章討論它的原因。

首先我們應該設想一下，資助上游行動應該要有多簡單。以洛杉磯市中心的餐廳「罌粟與玫瑰」（Poppy + Rose）爲例，共同經營者戴安娜．殷一向很仔細地查看顧客評論。有一次她注意到，消費者在網路上抱怨早午餐的鬆餅是冷的。調查後發現，餐廳只有一部鬆餅機，無法應付早午餐時段的需求量，所以廚師會在尖峰時段前就開始做鬆餅，以免忙不過來。不得不說這是很聰明的變通方式，但後果卻是冷掉的鬆餅。沒人喜歡冷掉的鬆餅，於是店裡添購了第二部鬆餅機。

從爲預防措施付費的角度而言，上述情境簡直完美到無可挑剔，一切都是如此簡單：付費者是戴安娜·殷，而她同時也是最後獲得益處的一方。大家不妨用「口袋」的角度來思考一下：付出去的錢來自某個口袋，錢最後又會回到同一個口袋，而且她應該很快就可以賺回投資成本。當然，這個單一口袋的邏輯也適用於你對自己的投資：例如證書或碩士學位，今天你也許付出了一筆錢，爲的就是在將來賺進高出那筆錢數倍的金額。

話雖如此，接下來故事會急轉直下，且變得更複雜，因爲單一口袋無法保證促成明智的上游投資。

數十年來，療養院的許多看護都飽受下背部疼痛所苦，因爲他們必須經常抬起與移動患者。想當然耳，這對看護本人來說苦不堪言，對他們的雇主來說更是一大損失，畢竟他們必須處理因此損失的工作天數和看護的工傷賠償金。

正好，市面上有企業專門生產可抬起患者的機械設備，只要購買這樣的機器，就能解決上述問題，但對療養院高層來說，這並不是理所當然的投資。這類機器相當昂貴，也需要搭配一套全新程序，因此員工必須重新學習如何運用設備移動患者；況且，相較於傳統的人力移動，機器的運作速度還比較慢。既然如此，何必忍受這種麻煩和支出？不如保持原樣，並接受時不時有人受傷的事實。

到了一九九〇年代後期，調查發現，如果看護使用經過研究證實的特定技術來移動患者，包括前面提到的機械設備，療養院就能減少三分之二的工作天數損失和員工賠償金支出，而且投資這類設備不到三年就能回本。這些發現在長照產業內部傳開後，更多療養院開始採用新的工作程序；而根據美國疾病管制與預防中心的報告，在二〇〇三至二〇〇九年間，看護下背部受傷的現象因此減少了三成五。

這時，第一個小問題出現了：療養院的口袋不乏金錢，然而是否購買搬移患者的機器，比起買鬆餅機要困難得多。由於很難從單一機構去評估這項投資的效益，因此有必要擴大視角，也就是從整個長照產業觀察實證效果：嘿，這種設備眞的值得花錢買。但**即便投資的優渥報酬就在眼前，慣性還是對預防措施造成了明顯的阻力**。

現在讓我們跳到光譜的另一端：爲社福建立資助模式是個複雜到超乎常理的任務，其中的代表性案例就是「護理家庭夥伴關係」。這項計畫成立於一九七〇年代，創辦人是剛從大學畢業沒多久的大衛．歐茲。他在內城的托育中心工作時，看清了不堪的現實：他所接觸到的學齡前兒童中，多數都因爲家長的糟糕決策而吃盡苦頭。例如有個孩子幾乎沒有發展出語言能力，大多數時候都只能用咕噥聲溝通。當歐茲與這孩子的祖母詳談過，才得知這孩子的母親有毒癮，整個孕期都有吸毒。還有個難以在午睡時間入睡的男孩，後來歐茲才知道，原來他每次尿床，都會遭到母親毆打。

歐茲意識到，如果自己能早點介入這些孩子的生活，就能爲他們提供更多協助。他認爲幫助這些孩子最好的方式，就是先幫助他們的母親。歐茲看到的虐待行爲，多半是出於無知，而不是殘酷——簡單來說，這些母親並不具備母職所需要的知識或能力，她們既沒有後援，也往往缺乏榜樣，根本不知道該如何處理隨著育兒而來的挫折和憤怒。

這項計畫會媒合註冊的護理師和低收入新手孕婦，並由同一位護理師從孕期開始定期訪視，直到小孩滿兩歲。護理師的角色就像是指導者，協助母親處理育兒方面的難題：小孩哭了該怎麼辦？孩子不睡覺該怎麼辦？如何讓孩子的生活有規律？此外，護理師也會講解基本知識，包括如何哺乳、包裹嬰兒、讓孩子開始吃眞正的食物、爲孩子刷牙等等。除了養育指導，這項工作另一個重要的環節，就是做個伸出援手的人，爲新手媽媽提供支援，讓她知道得先照顧好自己，才能照顧好孩子；幫助她克服育兒過程中遇到的難題，並聽她訴說生活壓力有多令人喘不過氣。

美國境內執行過三次針對該計畫的大規模隨機控制研究，分別在紐約州的埃爾邁拉、田納西州的曼非斯，以及科羅拉多州的丹佛。研究結果顯示，這項計畫能穩定改善母親的健康、兒童安全與整體身心狀況，最確切的影響是以下問題明顯減少：孕期抽煙、早產、嬰兒死亡、虐待和不當對待、母親犯罪、食物券支付額及密集懷孕（產下此胎後的十八個月內生出下一胎）。顯然這個計畫避免了許多負面情況，而且有研究估計，每在該計畫投資一美元，至少可獲得六．五美元的報酬。

這不是很簡單的投資決策嗎？就算要花二十年才能賺進六．五美元的報酬，換算後年利率也大概有一〇％！那麼我們應該可以預期：既然報酬如此優渥，美國每位有需求的低收入新手媽媽，都可以獲得它的協助才對吧？

可惜，大錯特錯。

為什麼？

當報酬進錯口袋

在鬆餅機的案例中，投資者會得到好處，從頭到尾只有一個口袋。但是在護理家庭夥伴關係的案例中，請注意一下報酬有多分散：當然，最主要的受益者依序是小孩和母親，但他們無法付費。還有誰是受益者？事實上，如果沒有這項計畫，將因負面後果付出代價的，會是其他所有機構。以下三個例子即是其中一部分：

一、降低早產率可以爲國家省下部分醫療經費，也就是原本用於支付嬰兒加護治療的費用。

二、降低犯罪率可爲司法制度省下部分經費，減輕警方、法院和監獄的負擔，當然也對大衆有益。

三、減少美國補充營養援助計畫（前身爲食物券）的支出，可爲負責管理的聯邦農業部節省經費。

除此之外還有許多受益者，包括健康、教育、收入等層面產生的漣漪效應，人人都有好處！

假設當地有醫療系統願意資助這項計畫，但它很花錢，每協助一位女性要花費約一萬美元，而且享有最大回饋的各方正如以上所述，因此，這個醫療系統只能從這項投資中獲得一小部分報酬，這就是所謂「進錯口袋問題」的典型例子：負擔介入措施支出的實體並沒有獲得最主要的回報，也就是有個口袋付了錢，但是報酬卻四散到很多口袋。

理論上，要解決這個問題，可以向所有相關受益者募款，集資支持該計畫。不過這時候，你會遇到反對聲浪：**這沒有先例。我的預算裡不包括「贊助將來可能會帶來回報的計畫」這項。萬一最後我們在下游沒有省到錢，你會退錢給我嗎？**這類顧慮可以解釋爲何像護理家庭夥伴關係這樣的行動無法獲得應有的資金水準——即便這些行動能創造出龐大的社會利益。

所幸，現在有一些可望解決「進錯口袋問題」的實驗在進行中。例如南卡羅萊納州的團體就設計出「爲成功支付」的模式，讓護理家庭夥伴關係有資金可大規模拓展行動。他們的做法是這樣的：二〇一六年，組織獲得三千萬美元的現金挹注，而行動的成果會在接下來的六年內透過隨機控制研究評估。根據事先協議好的幾項指標，如果計畫確實有成效，州政府就會決定永久資助這項計畫。這種安排的巧妙之處在於，州政府不必直接冒著巨大的財務風險，因爲在試驗階段，大多數資金會來自外界。因此，只要證實它是有價值的投資，南卡羅萊納州就可以獲得報酬；就算並非如此，州政府也不會損失太多。

從概念來看，這樣的安排不難理解，但要處理協議中錯綜複雜的細節非常累人。「我們花了三年釐清要如何制定規範，好讓大家能執行所有人從第一天就認爲再顯而易見不過的事。」南卡羅萊納州衛生及公共服務部的主任克里斯汀・索拉表示。如果你想體會一下這有多困難，只要看看參與其中的單位就能理解：護理家庭夥伴關係位於南卡羅萊納州的團隊、南卡羅萊納州衛生及公共服務部、貧窮行動實驗室、哈佛甘迺迪政府學院績效實驗室、杜克基金會、藍十字藍盾南卡羅萊納州基金會……說實話，還有很多其他單位。

索拉指出，協調過程中必須解答以下的問題：「要如何找到方法取得不同的政府資金流，好讓我們有能力支付『大家都知道我們需要更多』的東西？我們就這樣陷入卡夫卡式的惡夢，整天都在查找各種不同資金來源的各種聯邦和州政府經費規範。」

這項協議是很沉重的承諾，初期投資可以讓他們有能力多協助三二〇〇位母親，支援她們度過孕期和小孩出生的頭兩年。在計畫的輔助下，這些孩子能在更幸福、更健康的家庭中長大，這些母親和孩子從中獲得的益處將會難以估計。

也許更重要的是，就長遠看來，這項協議有機會打破進錯口袋的詛咒。如果其成效符合期望，州政府和聯邦政府就會願意長期資助這項計畫，畢竟投資的報酬相當明確。此外，還有其他四十九州的高風險母親需要幫助，因此拓展計畫後的未來性幾乎無可限量。如果這一切能實現，費時三年勞心勞力地協調核心協議，看來也不算是糟糕的投資。

我們可以在問題發生後付出代價解決問題，也可以選擇預先投入資金來防範問題。我們需要的是更多商業和社會創業家，由他們找出方法翻轉支付模式，並用來支持預防措施。以下這個小小的例子有助於幫助大家了解這種模式如何運作：

幾年前，我和太太決定要執行「上游」害蟲管理。家裡有蜘蛛出沒，因此我們打電話請除蟲業者來處理。對方來到家裡後，開始向我們推銷定期制服務，也就是業者會定期來訪，並採取他們所知的最佳防蟲措施。這項服務不需要預約，因為他們只會在我們家外圍定期噴藥。起初，我們夫妻倆心中存疑，覺得自己是不是被敲詐了，但最後，擺脫蟲蟲危機的美好願景讓我們下定決心，於是訂購了定期除蟲服務，從此去除生活中的一小部分麻煩來源，也讓我們不再落入從「問題出沒」到「出動救援」再到「毫無作爲」的循環（且一再重演）。現在只需要進行低調且幾乎不會察覺的例行作業：維護，維護，再維護。

基於相同的道理，我不禁想到：世界上有多少居家修繕問題，都是上游維護不佳所造成。冷氣機提早損壞，是因爲沒有定期更換濾網；電熱水器停止運作，是因爲從來沒清理過內膽。話說，這種事眞的曾發生在我親戚身上。他們的烘衣機突然不會動了，於是向家族成員尋求建議，但問過一輪之後，問題還是沒有解決。然後有人提出了足以結束這一切的問題：「你們有清過棉絮濾網吧？」「（一陣沉默）那是什麼？」其他諸如廁所、導雨設施、屋頂……這些故障多半都可以預防，但有些人對待住家的方式，就像從來不幫車子換機油一樣。

如果有人願意爲你承擔這些工作，例如負責維護及修繕家中電器和各項設備的完好，你願意每月定期付費嗎？如果是付一輩子呢？有一家大型企業就在研議這種概念的可行性，安吉居家服務（ANGI Homeservices）執行長布蘭登．里迪諾指出：「居家服務產業在現代並沒有改變多少，這個產業的運作方式幾乎和五十年前一模一樣。個別需求總是會意外出現——問題就這樣突然冒出來，一般人只能被動應對：『我需要水管工人、需要電氣技師、需要修繕工。』這時候他們才會查網路或問朋友，然後找到我們這裡來。」

不過，里迪諾有點懷疑消費者是否已準備好接受訂閱模式，也就是定期且預防性地提供服務，而不是等到危機發生才處理。「極富有的一群人會僱用物業管理人，」里迪諾解釋，「他們負責發包這些服務，而且是一整年。」換句話說，流行音樂天后碧昂絲不需要親自打電話叫水管工。里迪諾認爲，物業管理人的許多工作都可自動化完成：先運用數據庫來預測何時應該進行維護，再利用公司的大型承包商資料庫來媒合廠商和工作。「我們有辦法讓物業管理服務普及到大眾市場嗎？」他這麼問。

找到採取預防行動的動機

爲上游行動付費最終要回歸到三個問題：**最花錢的問題在哪裡？誰最適合預防這些問題？要如何讓這些人有動機採取預防行動？**里迪諾的論點看來很有道理：安吉居家服務（或類似企業）才是最適合處理維護業務的一方，而不是屋主。有些屋主很會打理房子，有些不擅長，但沒有任何一個屋主能運用彙集了數千間房子的資訊，來判斷該執行哪一種預防性維護。這套系統也還有尚待發掘的價值：如果能避免主要電器過早損壞，後續產生的價值就可由屋主和居家服務公司平分，前者可以省錢，後者可以獲利。

現在讓我們把這三個問題套用在醫療上，**最花錢的問題在哪裡？**例子之一是美國聯邦醫療保險有一大筆經費是用在原本可避免的診治，舉例來說，假設患者的糖尿病控制良好，就毋須進醫院。**誰最適合預防這些問題？**絕對不是醫院，畢竟在緊急狀況發生前，醫院和患者間沒有任何關係。答案也絕對不是患者，因爲他們顯然不是醫療專家，就像屋主也不是居家維護的專家；最適合預防這些問題的人是基層醫師。那麼要**如何讓這些人有動機採取預防行動？**這時候就要談到「整合型當責照護體系」（Accountable Care Organization, ACO），亦即二〇一〇年《平價醫療法案》[14]所引進的模式之一。

如果用極簡化的方式來說明此一體系（相信我，幕後牽扯的複雜問題簡直就是無止境的蟲洞），其中一種類型是由基層醫師組成，接著，美國聯邦醫療保險會對他們說：根據你們處理的病患數量，我們大概可以推估今年的就診人數有多少，也能估算出這些醫療要花我們多少錢。所以如果你們能更有效地管理患者的健康狀況以減少就診人數，我們就會和你們共享省下來的費用。

「在這個系統推出前，就算醫師成功避免病人上醫院，也沒辦法拿到一毛錢。」阿德萊德是一家協助醫師組成當責體系的公司，共同創辦人法扎德·莫斯塔沙瑞如此解釋，「在這

---

14 《病患保障與可負擔醫療法案》（*Patient Protection and Affordable Care Act, PPACA*）的簡稱，由於是在美國前總統歐巴馬任內所簽署的，所以也俗稱「歐巴馬健保」。

個模式中，醫師會有動機花更多時間和患者及家人詳談，而不必擔心要怎樣才能在同樣的時間內爲更多病人看診。」

我曾和西維吉尼亞的基層醫師強納森．里利談到此事，他表示當責照護體系模式徹底改變了他的執業方式：每天看診的人數變少（大約從二十五到三十人減少到二十人左右）、診治每位患者的時間變長，他和同事也變得比較不被動，開始主動出擊，監測患者的血糖值、血壓和體重，確保這些診斷結果的趨勢往正向發展。此外，他們也開始提供更多看診時間，原因在於：如果要避免患者把問題帶到醫院，基層醫師就必須多協助患者，因此現在他們開放晚間和週末看診；另外也提供「快速通道」，讓病人即使沒有預約，也可以在任何一天前來，且保證會醫師看診。

「我從來沒用這種方式看診過。」里利坦言，「我一直都想成爲家庭醫師，也一直想扮演守護者的角色，想用正確的方式做到這一點，結果這個模式眞的讓我做到了。」這套模式對里利和他的同事來說成效絕佳，患者在他們的照護下變得更健康、更快樂，也更少去醫院。這樣一來，美國聯邦醫療保險就可以省下部分經費，並與當責照護體系共享，這表示里利的收入也會增加。

目前還有其他針對在上游醫療投入資金的正向創新，例如有越來越多人對「論人計酬」感興趣，這種支付模式已有部分醫療系統採用，例如有一二〇〇萬名會員的凱薩醫療集團

（*Kaiser Permanente*）。凱薩醫療集團並不是一般的醫療系統，因爲這個機構既是醫療服務提供者，也是保險公司。成爲會員後，你或你的雇主每個月都要支付保費給凱薩醫療；當你生病了，就去找凱薩醫療旗下的醫師看診。這樣的結構讓凱薩醫療得以避開長年存在於醫療產業中的緊張關係：醫療服務提供者（例如醫師）想盡可能向保險公司多申請費用，而保險公司盡可能少付錢，因此哪些醫療處置應該納保和如何報銷一直都是爭論焦點。

凱薩醫療集團的服務提供者從每位患者身上所獲得的金額是固定的，而且要負責患者的所有需求（會依風險調整，因此照護年長者所賺的會比治療青壯人士要多），這就是論人計酬，這表示凱薩醫療集團的醫師沒有動機去進行非必要的MRI掃描，因爲他們的收入不會因此增加。那麼，爲什麼論人計酬不會導致服務偷工減料？畢竟提供的服務越少，提供者的利潤就越高。凱薩醫療集團的改正措施和安迪・葛洛夫的「配對指標」有異曲同工之妙：醫師也必須對醫療品質和患者滿意度這兩項指標負起責任。因此，如果醫師任由患者的健康惡化，或是患者表示對自己所受到的照護不滿意，醫師的收入就會減少。

論人計酬模式爲上游措施開啓了大門，有了這套模式，把資金投入在預防行動上，便能顯得更合理。位於賓州的蓋辛格醫療系統（Geisinger Health System）和凱薩醫療集團同樣是整合型的系統，他們的做法是邀請糖尿病患者使用「食物藥局」：基本上就是一間充滿健康食物的商店，讓患者可以免費挑選食物帶回家。蓋辛格醫療系統爲什麼要發送免費食物？因爲對糖尿病患者來說，食物就是藥物；而對蓋辛格醫療系統來說，如果支付健康食物的費用可以讓患者免於面臨代價可能遠高於此的複雜下游問題，這種做法就是值得的。

美國的醫療體系正在緩步走向較正向回饋的模式，而這些計畫的成效也讓我們有機會回顧這幾章所探討的課題：如果想避免問題發生，上游領導者必須集結對的成員（醫護、保險公司、患者）、尋找施力點、推動制度變革（非必要的就醫、整合型當責照護體系）、試圖及早辨識出問題（例如監測血糖值）、思考該如何衡量成效——同時避免虛假成就和預期外的後果。最後，領導者必須思考資金流：如何找到願意爲預防措施付費的人。

這個過程是相當沉重的挑戰，既漫長又痛苦，但是很值得，因爲規模實在太大了：在市值三．五兆美元的巨大醫療產業中，光是一％就有三五〇億元之譜——大約等於耐吉公司二〇一八年的全球營收。龐大體制中的微小轉變可以帶來驚人效果，當我們攜手往上游前去，就能越來越接近維持健康與治療疾病同樣有價值的世界。

第三部

上游的上游

第11章 危言聳聽的難題：遙遠且未必會發生的威脅

一九九九年，有部令人感到不安的影片開始流傳，穿著一身黑的李奧納德．尼莫伊（因演出《星艦迷航記》的史巴克而聲名大噪）用肅穆的語氣探討未來：

有個古老的傳說，地球上曾有最高等的文明存在……但傳說急轉直下，只透露結局是整個古老文明最後徹底消失。他們偉大的島嶼沉入海底，因為科技創新的程度已不是人類判斷力、遠見和純粹的脆弱可以承擔的。沒錯，這個傳說中的文明就是亞特蘭提斯。

然而，到了一九九九年的現在，我們眼前的問題是……我們正面臨非常現實的全球問題，包括電力供給、衛星通訊、水源、醫療、交通、食物分配，以及其他攸關人類日常生活的事物。而造成這些全球問題的直接原因，就是同樣真實上演的人為疏忽——很多人稱之為千禧年危機，因為全人類所仰賴的科技，是由數十億行的電腦程式碼和嵌入式晶片負責執行，然而這些技術可能會在一九九九年十二月三十一日轉換到二〇〇〇年一月一日的瞬間失效。

這不禁讓人聯想到亞特蘭提斯的命運，在邁向二〇〇〇年的同時，我們的文明所面臨最關鍵的問題就是：我們任由極為先進的科技創新快速發展，不顧人類自己是否有能力控制這些創新，還有最重要的：是否有能力預見這些科技帶來的最終後果？

結果（小心，有劇透！）——千禧年危機並沒有在二〇〇〇年一月一日終結人類文明。究竟發生了什麼事？有人拯救了人類文明嗎？還是人類文明從頭到尾都不需要拯救？

沒有發生的威脅，還是威脅嗎？

在這一章，我們要稍微放下先前大篇幅討論到的問題類型——主要都是一再提及的主題，如輟學率、遊民問題、疾病等等。這些問題沒有什麼神祕色彩，人們可以直接觀察，也有辦法衡量發生率。不過，接下來要探討的上游行動，是為了處理無法避免（例如颶風）或不常見（例如遭到駭客攻擊的資訊科技）問題。

千禧年危機是只會發生一次的問題，這種新型態的電腦問題是人類從未面對過，將來也不會再次遇到的危機，而約翰．柯斯基寧就是被賦予重任、避免最糟狀況發生的人物。柯斯基寧長年在民營公司任職，專門協助經營不善的企業起死回生，後來在一九九四至一九九七年間，擔任美國行政管理和預算局局長。千禧年到來的二十二個月前（也就是一九九八年二月），柯斯基寧接受時任總統柯林頓的指派，成爲美國的千禧年危機指揮官。

柯斯基寧深知，千禧年危機指揮官一職是個典型吃力不討好的工作：「如果一切都很順利，大家會說：『何必這麼大費周章？簡直就是浪費時間和金錢。』但相對的，如果一切失去控制，像是大停電、路燈不亮、電話不通、金融體系中止運作、通訊系統失去作用，大家就會想知道：『誰是那個該對這一切負起責任的人？』」

剩下不到兩年時間，又只是一介小小的官員，柯斯基寧知道自己不可能直接修正政府制度，他唯一能做的就是集結適合的人選、邀請他們參與討論，並鼓勵他們交流資訊。任期才開始，柯斯基寧便組織了二十五個工作小組，每一組都代表經濟體系中的不同部門：電力公司、電信業者、州政府和地方政府、醫療系統……此外，各工作小組也都由相關聯邦政府機關主導，例如交通部會與航空、鐵路、卡車和貨運公司合作。

柯斯基寧的一位同事反對這種方法：「我們的工作是解決聯邦政府內部的千禧年危機，

不是整個美國的經濟。」柯斯基寧回答則是：「不過你知道嗎？就算聯邦制度一切都正常運作，一月一日那天要是電力網故障，大家會問的第一個問題就是：『你們爲預防這個問題做了什麼？』到時候我們可沒辦法回答：『這不干我的事。』」

工作小組的起步並不理想，因爲有很多企業顧問律師擔心，如果企業間密切合作，可能有引發反壟斷或責任歸屬相關訴訟的風險。柯斯基寧的團隊只能趕緊推動國會通過相關法條，好排除這些顧慮，所幸這些團隊都能確實合作，並順暢交流資訊（這裡的上游行動對策：先安撫律師對可能訴訟的憂慮，再來拯救人類文明）。同時，柯斯基寧開始意識到，自己實際上在處理的，不只是科技面的問題，也包括心理層面；大眾恐慌和科技故障帶來的威脅其實不相上下。

柯斯基寧指出，在任何一個時間點，大約都有二％的自動提款機無法運作，可能是故障，也或許是缺現金。但是在二〇〇〇年一月一日，只要有任何一部自動提款機出現問題，就會被解釋成千禧年引發的危機，進一步加劇大眾的恐懼。所有人最擔心的狀況之一就是擠兌，要是銀行客戶擔心無法領到錢，或害怕銀行破產，可能就會在千禧年到來的前幾週開始大量提款。接著，當其他客戶看到這種情況，就很可能跟著擔心：**這些人疑心病眞是太重了，但我可不想讓他們把錢都領光，結果自己沒錢可用，所以最好先領一些錢出來。**

考量到一家銀行可能只有少數資產是以現金形式提供，即便只有一小群人因憂慮過度而大量提款，也有可能癱瘓地方供給。只要想像一下：當「銀行沒有錢」的謠言開始蔓延，會引發什麼樣的恐慌就知道了，在這種情況下，害怕銀行破產的不理性恐懼可能會導致銀行眞的破產。那麼政府有多嚴正看待這些恐懼？美國聯邦準備系統下令印製五百億美元新貨幣，並在全國流通；如果平均分給全美所有家庭，每一戶大約可分到五百元。

在千禧新年即將到來的前幾個月，柯斯基寧越來越肯定千禧年危機並不會造成嚴重危害，這使得他不論在公開發言場合和接受訪問時，都顯得沉穩而自信。只是在一九九九年十二月三十一日當天，柯斯基寧並非完全不感焦慮，而是仍然擔心全球情勢。理論上，任何有資訊科技（IT）系統的國家都有遭遇千禧年危機的風險，而美國在這項問題上已是國際間的實質領導者。會不會有其他國家輕忽了對千禧年危機的準備，結果面臨制度崩潰？而這樣明顯的潰敗（要是再加上媒體推波助瀾的話）將足以在美國境內引爆一連串因恐慌而來的問題。

是運氣好，或者本來就不會有事？

千禧新年的第一天來臨，第一波報導來自紐西蘭。有位美國記者飛到當地進行現場轉播與測試，想看看他的提款卡能不能用，結果毫無問題。柯斯基寧的團隊鬆了一口氣。

柯斯基寧每四小時舉行一次記者會，結果一整天都風平浪靜；至少大部分時候都是如此。日本監控核電廠安全的作業出了一點小狀況；稍晚，國防部發現幾顆偵查衛星失聯了數小時。其他的問題則沒那麼嚴重：支票延遲、支付暫緩、信用卡重複請款等等。

幾個月後，千禧年危機團隊交出最後一份報告，徹底說明新年當天有多麼平靜無波：在資料重置期間，多處機場的低空風切警示系統（低空風切對飛機起降安全影響甚大）發生故障，包括紐約、坦帕、丹佛、亞特蘭大、奧蘭多、芝加哥的奧黑爾和聖路易斯。由於系統顯示錯誤訊息，各地的空中運輸系統專家被迫重新啓動警示系統的電腦以清除錯誤（重開機果然治百病）。

千禧新年來臨，人類文明得以存續。人們從渡假期間租的森林小木屋走出來，乖乖回到都市生活。

正如柯斯基寧所預測的，他的團隊並沒有因此受到讚賞。「連四十八小時都還沒過，大家就開始說：『還滿順利的啊，應該本來就不會出什麼大問題吧。』」他表示。

話雖如此，那些懷疑確實有可能是對的，也許千禧年危機本來就不是什麼威脅。有些觀察家，例如加拿大電腦系統分析師大衛．羅布勞向來堅持：「飛機不會從天上掉下來，電梯不會突然往下掉，政府也不會一夕之間瓦解。二〇〇〇年只會平凡無奇地到來。」

羅布勞的預測成眞後，他大肆慶祝了一番。二〇〇〇年一月六日，他爲《環球郵報》寫了一篇文章，標題爲〈你被騙了，我早就說過了〉，提到：「事實上，沒有多少系統會眞的受到曆年影響，包括那些引發這麼多歇斯底里憂心的系統，像是用水和空中交通管制。」

負責處理千禧年危機的IT團隊中，許多人聽到有人把千禧年危機說成騙局時，還是會忿忿不平。「之所以什麼都沒發生，是因爲有人做了大量的準備，而根本原因就在於大家一開始都過度恐慌。」馬汀．湯馬斯坦言，當時他是德勤全球（Deloitte & Touche）的顧問和國際合夥人，參與了英國處理千禧年危機的相關工作。湯馬斯認爲，千禧年危機其實是有驚無險，由於成功動員了全球的人才和資源，這場災難才能在千鈞一髮之際得以避免。

誰的說法才是對的？很難說，儘管我個人的看法比較偏向有驚無險而不是騙局一場。這種不確定性是上游行動中很令人挫折的一面，尤其當你又在處理前所未見的問題。如果是一再出現的問題，情況就會比較明朗，例如你所任教的高中，連續五年輟學人數都高達五百人，這時你就有理由發起新的計畫；當今年的輟學人數降低到只有四百人時，即可得知計畫確實有效。然而以千禧年危機來說，數據點從頭到尾就只有一個：二〇〇〇年一月一日。所幸，不論是因爲好運或準備充分，又或者兩者皆是，結果並沒有引發眞正的危機。

如果預防措施沒用

千禧年危機是個典型的例子。我們為可能的災難做足了準備，但災難卻沒有發生，於是人們開始質疑：這些準備工作是否有必要？

不如思考一下完全相反的情境：你已做好充分準備要面對災難，但災難的破壞力超乎尋常。浩劫餘生後，你會認為自己準備不夠？還是如果沒準備的話，後果會更糟？

這種情境的現實世界版出現在二〇〇四年初，當時有兩位災害專家在華盛頓特區見面商討，他們分別是專門協助政府準備和應對災害的民間企業創新應變管理公司（Innovative Emergency Managemant, IEM）的創辦人暨執行長馬度．貝利瓦爾，以及負責聯邦緊急事務管理署（Federal Emergency Management Agency, FEMA，簡稱「急管署」）緊急對應措施的主管艾瑞克．托伯特。

貝利瓦爾問托伯特：「在你思考過的所有災難之中，哪一種最會讓你難以入眠？」

托伯特回答：「毀滅性的颶風襲擊紐奧良。」

這些專家心神不寧的原因在於紐奧良的地理環境。這座隸屬於路易斯安那州的城市低於海平面，且座落於防範密西西比河和龐恰特雷恩湖的兩道防洪堤之間；簡單來說，紐奧良就位於碗底。一旦堤防毀損，大水就會灌進整座城市，而且久久不退。

九一一事件發生後的數年間，恐怖攻擊的應對一直都是急管署的重點業務，但是托伯特沒有停止爭取經費，以研擬應對天然災害的計畫。二〇〇四年，好不容易獲得數百萬美元的預算，IEM也爭取到了價值八十萬美元的合約，委託內容則是爲紐奧良和周邊地區建立颶風應變計畫。

該公司只花了五十三天，就設計出一套演練計畫。眼看颶風季節即將來臨，在二〇〇四年七月的某一週，他們在路易斯安那州首府巴頓魯治市召集了大約三百名相關人士，包括急管署的代表、二十多個路易斯安那州政府機關、轄下十三個行政區、國家氣象局、超過十五個聯邦政府機關、志工團體，以及相鄰的密西西比州和阿拉巴馬州的州政府機關（**包圍問題**）。眾人集結在一起，是爲了要對付潘姆颶風——IEM團隊假想出的模擬情境。

克里斯多福．庫珀和羅伯．卜洛克在《大災難：卡崔娜颶風與失敗的國土安全》（*Disaster: Hurricane Katrina and the Failure of Homeland Security*，暫譯）一書中如此描述潘姆颶風的模擬情況：「潘姆颶風在大西洋生成，直撲波多黎各、伊斯帕尼奧拉島和古巴，在通過墨西哥灣溫暖水域的過程中，暴風圈也逐漸擴大。」這本珍貴的專書記錄了美國當初如何面對卡崔娜颶風。兩位作者在書中繼續寫道：

> 儘管還有充分的時間撤離，但墨西哥灣沿岸地區的許多居民仍堅持留守。一如預

期，暴風雨直撲路易斯安那州的格蘭德艾爾，在這座露營小鎮留下滿目瘡痍後，往北方的紐奧良移動。颶風往上游推進了將近一百公里，所到之處慘不忍睹。接著，直接貫穿紐奧良，暴風雨導致附近的龐恰特雷恩湖水位暴漲，就像傾斜的茶杯一樣，把滿滿的水倒入這座城市。又快又急的髒汙鹹水沖刷著紐奧良，整個城市浸泡在六公尺深的積水中。當颶風終於離開，整片受災區宛如廢墟。

在巴頓魯治進行模擬期間，參與的各方必須即時研擬出對策，並依據各自的專業分成小組：搜索和救援、排水、臨時屋、檢傷分類中心等等。

邁克．布朗上校是潘姆颶風模擬的主要推手之一（其妻名叫潘姆，假想的颶風即由此命名），他規定眾人擬定計畫時「禁止有不切實際的幻想」，一如庫珀和卜洛克在書中所述：

如果一項行動需要出動三百艘船，參與者就必須真的找出這些船在哪裡，而不只是假設有這麼多船存在。如果需要十五輛貨櫃拖車把發電機送到紐奧良，就必須知道該去哪裡取得這些資源，或至少要實際推估來源在哪裡。「他們在規畫時就必須考量到哪些資源是可取得的，或是照理說可以從哪些地方調派來。」貝利瓦爾表示：「他們不該幻想有一千部直升機會奇蹟似地出現，然後完成任務。」

經過為了與潘姆颶風搏鬥而緊湊又高潮迭起的一週後，團隊拼湊出一套緊急應變計畫：有些鉅細靡遺，有些則尚未成形，但至少是個開始。完成潘姆颶風模擬演練十三個月後，二〇〇五年八月底，卡崔娜颶風撲向紐奧良。來襲過後大約五個月，貝利瓦爾在參議院聽證會作證時，展示了模擬與現實的對照表：

「潘姆颶風」相關資料	卡崔娜颶風造成的實際災害
累積雨量五〇〇公釐	累積雨量四五七公釐
紐奧良市淹水三公尺至六公尺深	紐奧良部分地區淹水達六公尺深
河水越過堤項	防洪堤毀損
土石流發生前，有超過五．五萬人已撤離至避難所	土石流發生前，約有六萬人撤離至避難所
超過一一〇萬名路易斯安那州居民流離失所	一〇〇萬墨西哥灣沿岸地區居民長期流離失所；大多為路易斯安那州居民
在首波災情中，路易斯安那州有七八六三五九人無電可用	風災開始第一天，路易斯安那州即有八八一四〇〇人通報停電

兩者相似的程度實在難以言喻，因此最顯而易見的問題就是：到底發生了什麼事？你爲了演練正確的情境確實集結對的成員，然而一年後，當災難眞的來臨時，應變措施爲何變成一場失敗？

「失敗」還只是客氣點的說法。卡崔娜颶風的應變措施簡直是國恥。記者史考特．高德這樣記錄他在做爲避難所的路易斯安那超級巨蛋（Superdome）所目睹的景象：

> 兩歲小女孩睡在一灘尿上頭。毒品容器散落在廁所。販賣機被青少年砸個稀爛，旁邊的牆上還沾有血跡。路易斯安那超級巨蛋曾是建築和原創性的偉大象徵，卻在卡崔娜颶風襲來的週一前夕，成為紐奧良規模最大的避難所，總共收容了約一萬六千人。到了週三，這裡的狀況惡化成夢魘一場……「我們只能在地板上排泄，簡直跟動物沒兩樣。」二十五歲的達芬妮．史密斯抱著三週大的兒子泰瑞說道，右手還拿著搜救人員提供的半瓶配方奶。嬰兒用品的數量越來越少；有位母親表示，她只拿到兩片尿布，還被告知尿布要是髒了，得清洗並重複使用。

足以改變結局的枝微末節

接下來，我要測試你的耐心，請你思考一下爲什麼兩個衝突的現象可能都是事實：第一，針對紐奧良受困民眾的災害應變顯然很不理想；第二，經過潘姆颶風模擬而建立的救災規畫，確實拯救了數千條生命。換句話說，卡崔娜颶風的確帶來了慘重災情，而原本的情況可能更慘。

因爲，貝利瓦爾在聽證會上展示的那份圖表還有最後兩列資料——顯示出潘姆颶風和卡崔娜颶風之間最大的兩點差異：

「潘姆颶風」相關資料	卡崔娜颶風造成的實際災害
死亡人數超過六萬人	目前為止，路易斯安那州通報死亡人數為一一〇〇人，超過三〇〇〇人仍下落不明
土石流發生前撤離三六%居民	土石流發生前撤離八〇%到九〇%居民

二〇一九年，貝利瓦爾提及潘姆颶風時表示：「我們幾乎很科學地預測到災後狀況，完

全正中紅心，唯一失準的部分是死亡人數。我們預估約有超過六萬人死亡，但結果儘管災情慘重，最後的死亡人數只有一七〇〇人，兩者最大的差異就在調撥車道[15]。」

「調撥車道」指的是風災時採取的一項大眾緊急運輸措施，也就是高速公路的所有車道暫時都切換成同一個行駛方向。理論上聽起來很合理：畢竟所有車流都應該往遠離災區的方向移動。但是請想想看：要在高速公路上切換行車方向是多複雜的作業！必須封鎖並監控所有方向相反的入口匝道，還要馬上通知大眾目前採取的措施；緊急工作小組也必須在現場快速處置受困的車輛，以免造成車流回堵。那麼，當調撥過的州際高速公路遇上州界，必須調換回平時的行車方向時，又該怎麼處理？也許這些問題聽起來像是枝微末節的後勤作業，但請別忘了：貝利瓦爾推斷，調撥車道就是卡崔娜颶風僅造成一七〇〇人（而不是六萬人）死亡的主要原因，枝微末節的作業最是關鍵。

卡崔娜風災發生前一年，紐奧良在遭遇伊凡颶風襲擊時，就已實驗過調撥車道。這個颶風的強度較弱，在潘姆颶風模擬結束兩個月後襲擊墨西哥灣。調撥車道調整的過程簡直是一塌糊塗，高速公路沒多久就開始堵塞，有些駕駛被困長達十二小時。幸好後來伊凡颶風往東偏移，沒有撲向紐奧良；要是颶風沒轉向，數千名在州際高速公路上動彈不得的駕駛可能就要棄車逃難了。

面對潘姆颶風模擬演練和伊凡颶風帶來的失敗經驗，州政府決定徹底修正調撥車道計畫。他們得到的教訓包括：需要與鄰近州政府官員更密切合作，並強化與民眾的溝通。卡崔娜颶風來襲前，美國紅十字會印製了一五〇萬份地圖發給民眾，以說明調撥車道的流程。其他層面的改善則比較細微：在伊凡颶風侵襲期間，駕駛經常會停下來向警察提問，警察也覺得詳盡回答是在幫助民眾，但這些對話其實會造成壅塞，更是造成車流回堵的一大主因。所以卡崔娜颶風來襲時，要謹記的教訓顯然就是：避免交談，指揮他們往前開就對了。

二〇〇五年八月二十七日星期六，進入墨西哥灣的卡崔娜颶風正逼近紐奧良，路易斯安那州州長凱薩琳·布朗柯下令，自下午四點起開始實施車道調撥，連續二十五小時。與伊凡颶風時相比，車流狀況理想許多，平時開往巴頓魯治的車程大約一小時，而在調撥車道期間，車程仍不會超過三小時。儘管車流量比交通尖峰時刻高出七〇%，但車輛還能穩定前進。總計有超過一百二十萬人成功撤離，而且沒有明顯的延遲。

潘姆颶風模擬堪稱上游行動的典範：在問題發生前召集正確的成員，討論正確的議題。「好消息是，我們知道自己的努力確實有成效。我們知道自己拯救了數千條生命。」路易斯

---

15 這裡所提到的死亡人數和他在聽證會上所引用的一一〇〇人不同，這是因為後來陸續確認有部分失蹤者已死亡，導致人數增加。

安那州立大學颶風中心前副主任伊佛爾・范・海爾登表示，他也參與了潘姆颶風模擬演練。

這個想法並沒有錯，但可惜的是，所有主要相關單位都到場的，只有那次模擬演練。就算再怎麼精心策畫，單次訓練也不可能足以做好面對大災難的準備。二〇〇五年，設計潘姆颶風模擬演練的承包商IEM又規畫了幾次額外的演練，希望能讓整個行動更完善。「然而，當時上演了令人嘆爲觀止的省小錢戲碼。」《大災難》的兩位作者在書中寫道。「急管署決定取消二〇〇五年前半年大部分的後續演練，並宣稱沒有經費支付員工參與演練所衍生的微薄旅費。急管署的官員表示，經費缺口已經累積到將近一・五萬美元。」

當時的急管署表示無法支付一・五萬美元的費用，至於後來爲了重建遭到卡崔娜颶風横掃的墨西哥灣沿岸地區，國會通過的補助經費可是超過了六二〇億美元呢。此事也徹底凸顯出整個社會有多偏好採取下游行動。持平而論，再怎麼準備也無法防止五級颶風對墨西哥灣沿岸地區造成傷害，但這個比例實在太不合理了：我們對幾千或幾百萬元的經費斤斤計較，事實上卻冒著花費數十億元的風險。爲了防範大規模的災難，所以需要演練，從理論上來看，這一點都不複雜，眞正複雜的是在現實中，這類演練違反了本書先前提到的「隧道效應」。組織一直都在處理緊急的短期問題，就定義而言，針對推測未來可能發生的問題進行規畫，並不是緊急任務。正因如此，召集成員很難，取得授權經費很難，在災害還沒迫使衆人採取行動前說服大家合作，更是困難。

絕對不要等到身陷危機

建立習慣是抵抗這種下游偏好的方法之一，例如IT部門的高層從過去經驗得知，網路安全中最弱的一環，通常都是自己的同事。舉個例子，網路釣魚（犯罪者傳送假造的電子郵件給受害者，並誘騙他們提供如信用卡號碼或密碼等個人資訊）是一種十分常見的詐騙手法，根據威訊通訊（Verizon）二〇一九年的「資料外洩調查報告」指出，在各種安全漏洞中，網路釣魚就占了三二%，甚至有一種行業因此興起：受企業委託，專門傳送網路釣魚電子郵件給員工，目的是訓練員工不要落入眞正的詐騙陷阱。只能說，世道眞的變了，現在連僞裝成詐騙也是一門生意。

唐．林格雷斯坦是伊利諾州奧羅拉西部一二九號學區的技術總監，他對於網路釣魚攻擊感到憂心，於是決定採用KnowBe4（專門提供企業安全意識培訓的平臺）的免費試用服務。二〇一七年一月，林格雷斯坦傳送了第一封網路釣魚測試郵件給學區員工，用的是他們從未看過的可疑電子郵件地址。電子郵件內容宣稱，當週稍早系統可能出現安全漏洞，並要求收件人點擊信件中的連結以變更密碼。林格雷斯坦以前就經常提醒大家要注意這類詐騙，所以他想，大多數人應該都能通過考驗。結果大錯特錯：有二九%的同事點擊了連結。

「我先是感到驚訝，接著感到恐慌。」他如此形容自己當時的反應。對學區來說，網路釣魚是一大隱憂，因爲除了學區的財務資料頗有價值，學生的個資更是許多駭客鎖定的焦點。根據FBI和其他單位的說法，犯人可能會長年使用學生的資料開通各種帳號，直到學生某天發現有問題爲止。

「我們沒有辦法透過硬體完全封鎖這類電子郵件，沒有任何一種硬體有這種功能。」林格雷斯坦表示。「所以如果要守好最後一道防線，讓網路釣魚詐騙功虧一簣，最好的方法眞的就是訓練好我們自己的人。」

於是他開始設計能誘騙同事點擊連結的電子郵件：「專屬優惠！免費訂閱亞馬遜高級會員服務——快點一下這裡！」「星巴克免費飲料——點擊連結，領取優惠券！」「E-ZPass（美國中西部收費道路所使用的電子收費系統）帳單過期也不怕——點一下，立即繳費！」最後一種電子郵件的點擊率是二七％，這尤其讓林格雷斯坦感到洩氣，因爲伊利諾州根本不是使用這種電子收費系統。林格雷斯坦要是在郵件裡寫「可免費申請協助老師批改學生報告的實習生」，點擊率可能會飆破九〇％……

每當有人點擊任何一封電子郵件中的連結，系統就會將使用者導向學習網路安全守則的畫面。同時，林格雷斯坦可以觀察到員工點擊了哪些連結。過不了多久，他便發現有些同事容易受騙的程度簡直令人嘆爲觀止，就連最沒創意的手法也能輕易誘騙他們動手點擊。接著，林格雷斯坦會前往這些員工所在的學校，並低調地提供教學。

兩年多來，林格雷斯坦不斷測試和教育同事，學區員工們的戒心也漸漸提高。第一封釣魚測試郵件的點擊率高達令人絕望的二九%，但近期測試的平均點擊率已經降低至五%左右。

這就是進展，而且是全面性的進展。換句話說，目標不只是要讓員工能分辨出假的星巴克優惠，更是要提升他們對各種詐騙手法的戒心。林格雷斯坦希望，奧羅拉西部的老師在接到要求敏感資訊的可疑電話時，也能有所警覺；儘管詐騙的媒介不太一樣。

災害準備也應該要以這樣的進展爲目標。緊急事件模擬的重點不是精準預測未來，只是要模擬出可能發生的狀況，而且照理說，應該要讓相關單位有多次練習的機會。因爲過程中所培養出的知識和技能，都是相關單位遇到任何緊急事件需要的能力，當災難來臨，他們會很清楚有哪些單位投入，會理解制度如何環環相扣，更會知道該去哪裡取得資源。我訪問過一位長期參與社區災害預防演練的人士，他的說法很有道理：**「絕對不要等到身在危機中，才交換名片。」**

不論是防範千禧年危機，或是爲風災做準備，在這些爲了面對無法預測的未知而採取的行動中，我們一再看到熟悉的主題：主管機關召集對的成員，並整合他們的重點目標；接著，他們走出隧道、包圍問題，再對制度進行微調（例如改善調撥車道的流程，讓團隊更有餘裕面對下一次災難）。

不過，現在有個更棘手的問題：假設某些特定類型的問題，是即使「做好準備」也無法解決的呢？萬一防範問題需要的是完美無缺呢？

不妨重新思考一下林格雷斯坦的案例。起初，同事遭到詐騙的比例是二九％，經過一番教育後，降低至五％，以行爲標準的角度來看，確實大有改善，但這樣就夠了嗎？

「如果安全性的有無取決於你系統中最弱的一環，教育就沒有用。」電腦安全專家布魯斯．施奈爾發表關於防禦駭客攻擊的看法時說道。換言之，假設駭客打定主意要駭入奧羅拉西部一二九號學區（或任何特定的機構）的話，二九％和五％其實沒有任何差別。以大多數的駭客攻擊而言，只要打開一扇門就夠了——只要有一個容易上當的人願意點開**任何一個**連結就行了。

給下一代的「危言聳聽」

尼克．博斯特倫是任教於牛津大學的瑞典籍哲學家。他在思考科技創新是否讓現代社會出現了類似的安全漏洞，也就是所有人的命運都取決於單一破口；也許是一次不幸的事件，或一個採取錯誤行動的人。博斯特倫之所以提出這個論點，是因爲人類總是不停地追求新進展，卻幾乎沒有考慮到後果。科學家和科技專家鮮少用嚴格的標準自問：「這個東西**應該**被發明出來嗎？」只要可以發明，就要發明；源源不絕的好奇心、野心和好勝心推著他們往前，往前，再往前。在創新的道路上，只有油門，沒有煞車。

有些時候，科學家和科技專家的發現極有價值，例如抗生素或天花疫苗；其他時候，發明本身則是好壞參半，像是槍枝、汽車、冷氣和社群網站。我們永遠無法預知這些科技會帶來什麼後果，能大致往好的方向發展嗎？還是完全相反？我們只能一邊摸索著前進，一邊處理隨之而來的後果。

博斯特倫想出一種說法，來比喻這種一邊前進、一邊摸索的習性：想像人類正在從一只巨大的甕裡拿出許多球，也就是各種發明或技術。甕裡面有一些白球，代表有益的技術（如抗生素）；還有一些灰球，代表好壞參半的技術。重點是：當我們把手伸進甕裡，完全不知道自己會抽出什麼顏色，我們只是不停伸手，就像天生患有強迫症似的。萬一其中一顆球代表著災難呢？博斯特倫在論文〈脆弱世界假說〉（Vulnerable World Hypothesis）提出疑問：甕裡會不會有一顆黑球，代表著某項技術將強大到足以回過頭來摧毀發明它的文明？

博斯特倫指出，目前人類還沒有抽到黑球，「原因並非我們一直以特別謹慎或明智的態度面對科技政策，只是目前為止都很幸運而已……我們的文明有強大的能力可以抽出很多球，卻沒有能力把球放回甕裡。我們可以發明，卻無法倒轉發明。我們的策略就是希望甕裡沒有黑球。」

「黑球」的想法——也就是足以摧毀文明的科技，聽起來可能有點像是荒謬的科幻小說設定，但這個想法其實並沒有那麼不切實際。博斯特倫斷言，如果我們從甕裡抽出一顆名叫「大規模毀滅力量」的球，再把這顆球放在一小撮人手中，人類文明就會危在旦夕。基本上，這就是在描述「伊斯蘭國擁有核武」的情況，而且只需要滿足兩個條件就會實現：第一，有一群採取行動的人希望造成大規模災難；第二，大多數人都能取得足以引發大規模災難的科技。應該不會有人懷疑第一項條件能否成立吧？恐怖組織、學校槍擊犯和大規模屠殺者的存在，就是很有說服力的證據。

至於第二個條件，博斯特倫認爲我們可以想像一下。在某個平行時空裡，假設核武不需要國家等級的精密技術和資源，而是「有種非常簡單的方法可以釋放原子的能量，例如讓電流通過放置在兩片玻璃中間的金屬物體」。如果連普通人都能用建材行就能買到的材料組裝出核子彈，誰還會懷疑災難發生的可能性？說不定核子武器需要大量金錢、技術和資源才能駕馭一事，就是發生在我們人類身上最大的幸運？

博斯特倫的論點是，我們無法保證自己會繼續一樣這麼幸運。就在這幾年，已經出現了所謂的「DNA列印技術」，讓企業可以快速、便宜地產出DNA片段並用於研究。想像一下，如果有一天DNA列印技術普及到家庭，也許原本是爲了讓民眾能取得爲個人量身打造的藥物，結果有人卻在家裡複製出一九一八年的西班牙流感病毒，單是這一個人就足以引發全人類的末日。

這一章的開頭引用了李奧納德．尼莫伊的一段話，但我必須承認，第一次看到這段影片的時候，那種搭配老派電子音響的風格讓我打從心底感到好笑。現在我完全沒有想笑的感覺，史巴克有可能是對的。

有個概念叫做「預言家困境」：預言本身會導致其內容無法成真，也就是自我挫敗預言（self-defeating prediction）。可能危言聳聽的警告是否真的**阻止**了災難發生？千禧年危機其實就是預言家困境的典型，大災難即將來臨的警告，反而觸發了防止災難發生的關鍵行動。我們的社會所需要的也許是有見識又夠警覺的下一代，而不是利用仇恨販賣黃金和維他命的陰謀論者，也不是利用集體歇斯底里來出售顧問服務的恐懼式創業家。我們需要的是像博斯特倫一樣的人，他成立了「人類未來研究所」（Future of Humanity Institute），期望能吸引有志人才一起研究存亡危機和人類長遠的未來。我們也需要像電腦安全專家布魯斯．施奈爾這樣的作家，他的著作《物聯網生存指南》對所有參與制定網路科技相關政策或規範的人而言，絕對是必備讀物。

也許我們該開始打造一套制度，好對那些並非空穴來風的憂心警告採取行動。地球上的每位居民都需要使用 DNA 列印技術嗎？決定權應該要交給提供 DNA 列印技術的企業嗎？如果不是，那應該交給誰？

往更上游去

不論你相不相信，歷史上有一套模式可以提供一些靈感：一九五〇年代到一九六〇年代，全球各國聯合起來著手處理一項狀態不明的科學威脅。什麼威脅？登月任務有可能會帶回毀滅性的外星生物。「數千位憂心忡忡的美國國民寫信給NASA，表示他們擔心自己有感染月球細菌的風險。」邁克·梅爾采在其引人入勝的著作《生物圈相撞之際》（*When Biospheres Collide*，暫譯）中記錄了這起事件。

以後見之明看來，現在的我們會忍不住覺得這些擔憂有點可笑，但這種憂心並非毫無道理。畢竟我們完全不知道月球上有什麼。那個年代有冷戰、核武放射性落塵避難所、生化製劑、古巴飛彈危機，和學校裡的防空演習。麥可·克萊頓在一九六九年出版的暢銷小說《致命病種》（*The Andromeda Strain*，暫譯）更導致這種恐懼情緒進一步擴散。這部作品在阿姆斯壯等人進行登月任務前兩個月出版，主要的情節是墜落的衛星把致命外星有機體帶回地球。

一九五〇年代，就在蘇聯推出人造衛星史普尼克計畫前，一群科學家開始提出警告認爲太空冒險可能會引發感染危機。這群科學家包括生物學家約翰·霍爾丹，以及諾貝爾獎得主梅爾文·卡爾文與約書亞·雷德伯格，他們警告要注意兩種類型的汙染：反向和前向。反向汙染指的是太空船返回地球後造成汙染（也就是《致命病種》的情節）；至於前向汙染指的則是另一個星球遭到地球有機體汙染（好了，我們現在進入了極為上游的領域）。

出於對這些議題的關注，進而催生出全新的科學領域，雷德伯格稱為「外星生物學」，現在又稱為「外太空生物學」。「外星生物學對太空探險的執行方式有很深遠的影響。」天文學家凱萊布．沙夫在科學期刊《鸚鵡螺》（*Nautilus*）中寫道。「現在發展出嚴謹的太空船滅菌程序，另外還有隔離程序，目的是要管制太空船可能帶回來的東西。NASA打造出乾淨的空間，而技術人員會先清理和烘乾設備，完整封裝後才準備出航。科學家的工作則是要趕緊運算出可接受的外來生物汙染風險。」

阿波羅號的太空人從月球返回地球後，立刻依照規定隔離。在此澄清，大多數的科學家並不認為月球有孕育生命的條件，也沒有過度擔憂太空人會帶回致命的月球怪蟲。然而值得讚許的是，他們確實擔心未知的部分，既然如此，何必在我們所知不多的領域（太空旅行）拿人類的性命冒險呢？因此他們制定了多項嚴格的程序，盡力防範無法估算的風險。人類並不是被迫採取這些行動，而是自願的，這也許就是我們往上游移動的第一小步。總有一天，我們會進步到能透過全體合作，解決威脅人類文明的問題。

負責推動這些措施的人物是NASA的「星球保護官」，前身則是「星球隔離官」，這個單位直到今天依舊存在。二〇一九年的星球保護官是莉莎．普拉特，而這個職位的前任者之一凱瑟琳．康利曾透露這個單位的驚人紀錄：「就我所知，星球保護這個單位是人類史上首見的。做爲主宰這個星球的物種，這是人類第一次決定要在我們有能力採取行動前，預先防範災害。」

眞心希望還有第二次。

第12章 你就是上游

二〇〇五年，翠西亞．戴爾在海軍特種部隊服役的丈夫賈斯丁被派駐至伊拉克，他們有兩個女兒，分別是三歲的艾蓮娜葛蕾絲和八個月大的愛莉莎費絲。賈斯丁啓程前曾對翠西亞說：「妳知道的，我不怕調去那裡，也不擔心自己沒命，但是我很怕回來後，孩子不知道我是誰。」

幾週後，兩個小女孩都因爲感染輪狀病毒而住院。大女兒的狀況簡直是一團糟，病毒讓她的身體受盡折磨，爸爸不在身邊更是讓她傷心欲絕。翠西亞給了她一張爸爸的相片，但由於太常握在手裡，相片漸漸變得支離破碎。

翠西亞急著安撫女兒，便向很有手工藝天分的姨婆瑪莉求助，問她有沒有辦法做出一個有爸爸相片的玩偶。瑪莉挑選了一張賈斯丁穿著軍服的相片，並找到方法把相片印在布料上，接著再把布料縫成玩偶。翠西亞把爸爸玩偶送給艾蓮娜葛蕾絲時，小女孩馬上開心了起來，這個玩偶也再沒離開過她床邊。

母女們從醫院返家後，爸爸玩偶便徹底融入她們的日常生活。艾蓮娜葛蕾絲不論到哪裡都帶著它：一起坐在量販店的購物車兒童座、陪她在公園玩、參加無數場茶會；晚上睡前，玩偶也會跟著她一起禱告。

愛莉莎費絲也有一個爸爸玩偶，每天晚上都和她一起睡在嬰兒床裡。另一方面，經過九個月的駐紮，賈斯丁準備返家時，很擔心兩個女兒對自己會有什麼反應；畢竟自己離開時，她們都還很小，他完全沒把握孩子認得出他這個爸爸。其他同袍分享過類似的經驗：離家幾週後再回家，卻發現小孩很怕自己。

賈斯丁回到家時已經入夜，女兒們也都睡了。他直接走進小女兒的房間，迫不及待想看看她。這時，愛莉莎費絲醒了，她瞪大眼睛看著仍穿著軍服的賈斯丁，再看了一眼自己的玩偶，「她放下爸爸玩偶，對賈斯丁伸出雙手，喊著：『爸爸！』」翠西亞回想那天的事。「那是我第一次看到老公哭出來。」

每當有人看到爸爸玩偶，都會稱讚這眞是個絕妙好主意。在兩個小女孩住院期間，也有護理師詢問翠西亞能否提供玩偶給醫院裡的其他幾位小朋友，翠西亞便和同樣身爲海軍眷屬的鄰居妮琦．達內爾合力製作更多玩偶。

翠西亞漸漸意識到，玩偶不該只送給女兒或朋友的朋友，任何因深愛的家人不在身邊而感到痛苦的家庭，都應該要有這種玩偶。「即使你的家人從未被派駐到遠方，也能體會孩子對家人的強烈思念，還有家長不得不離開孩子一段時間的無奈。」翠西亞說，「這眞的很揪心，而且不會隨著時間過去減輕。」

翠西亞和達內爾開始經營爸爸玩偶的事業。不到一年，她們就發出超過一千個玩偶給軍人家庭的孩子。後來她們又把概念從軍人父親擴展到包含軍人母親、逝去的親人等，現在玩偶的正式名稱是「擁抱英雄玩偶」（Hug-a-Hero Dolls），甚至已被納入部分軍人的派駐檢查清單——也就是列出軍人離家前需要完成的事項清單，包括建立 Skype 帳號和寫遺囑等等。

麗茲．拜恩是一位空軍中校的妻子，她也爲女兒買了擁抱英雄玩偶。「身爲大人，我們可以把情況控制得稍微好一點。」她表示，「你會經歷幾個階段：對方剛離開的前幾天，你會哭個不停，什麼事都不想做；過了幾天，情況會好轉一點，你會找到自己的步調。但是對我們的女兒來說，我覺得玩偶絕對有幫助……有爸爸玩偶在身邊，她們可以抱一抱它……就這樣產生某種情感連結。總之，這個方法對她們來說很有效。」

派駐外地所引發的痛苦，並不是翠西亞．戴爾造成的問題，但是她願意幫忙解決。

從個人開始採取上游行動，就是現在！

這就是上游思維的精神：只要有一**點先見之明，我們就能避免問題發生；即便無法徹底阻絕問題，通常也能緩衝隨之而來的影響**。冰島的一群家長、政治人物和研究人員提出了問題：我們要如何打造出青少年不酗酒的社會？智遊網的管理高層團隊提出了問題：我們要如何讓顧客不必打電話來尋求協助？芝加哥公立學校系統的行政人員和教師提出了問題：我們要如何避免學生畢不了業？

本書提到的多數故事案例都是團隊合作的成果，有大有小，從企業到學區，甚至是整座城市。但我們仍需要問：**一個人能做什麼？**翠西亞·戴爾最初就是以一己之力開始「爸爸玩偶」的行動；外太空生物學之父約書亞·雷德伯格公開呼籲大眾重視反向和前向汙染的危機，促成一整個全新的科學領域誕生。還有如果你記得的話，我買了第二條筆電充電線，徹底解決攜帶充電線所造成的麻煩。我們都是英雄，每個人都是。

你要如何從個人層面開始往上游移動？先思考你對問題盲目的情況，看看有什麼問題是你視爲無可避免、但其實並非如此？也許只是一些小事，例如在擁擠的停車場找車位讓你惱怒。有位女性曾對我說過一個極具啓發性的故事：「我手上明明戴著計步器，但我還是堅持找到近一點的車位，而且常常感到很抓狂，根本有病。所以現在我都會停在離停車場出口最遠的位置，然後把那裡想成『ＶＩＰ車位』，可以和其他的車子區隔開來。於是我不但可以多走幾步，又不會因爲找車位而壓力爆表。這種鬆一口氣的感覺實在太美好了，感覺就像把這個煩惱從人生中徹底清除掉。」

對於網球教練傑克·斯達普來說，必須一一把球撿起是最讓他煩惱的小事。當你彎腰撿球數百次，結果因此飽受背痛之苦時，就會開始尋找更好的解決方案。於是他把一顆網球放在車上的駕駛座，用來提醒自己思考如何解決這個問題。他心想，如果能有個從手臂延伸出去的工具，讓我不必彎腰撿球呢？不，這樣不太對，一次只能撿一顆球還是太費力了。「終於，某次又這樣胡思亂想時，」姵根·甘妮蒂在《發明學，改變世界》一書中寫道，「斯達普順手將身旁的網球拿起來捏一捏。就在塑膠網球被手指捏扁的當下，全新的點子突然湧現：網球可以從兩根金屬棍之間的縫隙擠過去，譬如擠進一只用細鐵條做成的籃子裡，而且進去後就不會再掉出來。」

這就是網球撿球器問世的瞬間，原因則是有個人飽受背痛之苦。斯達普解決了自己的問題，同時也爲所有打網球的人解決了相同問題。

你開始無奈地接受親密關係中也許可以避免的問題了嗎？有時候上游思維可以開啓全新的可能性。「經過這二十五年的婚姻，我和太太認爲彼此沒有太多共通點，也很少進行有意義的談話。」來自德州弗雷德里克斯堡的史提夫·索斯蘭表示，「就算我們開口對話，也都會讓我進入戰或逃（多半是逃）模式。我太太想把事情講開，但我們沒有任何基本共識可以解決這些問題。」

不少遇到類似情況的夫妻後來都選擇離婚，這讓他們感到非常恐慌。「有一天早上，我們在後廊喝咖啡的時候，聊到彼此共同的朋友離婚了。然後我們其中一個人問對方：『我們正要走到那一步嗎？』答案看來很明顯。於是我們決定坐下來，討論如何避免這件事發生，但眞的沒有頭緒，所以說好隔天早上再討論一次，再隔天又討論一次，然後一再討論。」

他們都希望有個方法能進行安全的討論——可以談論任何問題，不論有多困難，而且不帶任何懊惱、後悔或負面的情緒。他們認爲應該有個實體空間可以進行這類對話，所以買了浴缸，這就是他們談論棘手話題的專屬空間。結果好像眞的有用。

「幾年後，我們蓋了自己夢想中的房子；當然，我們在後面的露臺裝了『浴缸對話』專用的按摩浴缸。」索斯蘭說道。

爸爸玩偶、VIP停車位、網球撿球器、浴缸對話，不只有組織需要上游思維，個人也需要。**只要生活中有一再出現的問題，往上游思考就對了**，千萬別因爲問題長久存在而不敢行動。正如某句古老諺語所說的：「種樹的最好時機是二十年前，第二好的時機就是現在。」

上游行動的三項建議

也許你也有心幫忙解決社會上較大的問題，不過可以投入時間或金錢的選擇實在太多了，該如何選擇才好呢？根據我從上游行動中學到的道理，請容我在這裡提供三項建議：

一、**迅速採取行動，耐心等待成果**。這句話引用自「醫療改進中心」的榮譽院長莫琳．畢索納諾，我想這應該是最適合上游行動的格言。這個世界有很多團體只會唱高調，還為此沾沾自喜，卻從來沒有促成實質的改變；沒有行動，就沒有改變。

話雖如此，行動後可能需要一段時間，才會看到成果。下游行動範圍小且快速，上游行動則是範圍大且（比較）緩慢。你可以隨時提供一頓飽飯給遊民，並立刻自我感覺良好；然而要想辦法減少租屋收回的情況，進而避免人們變得無家可歸，可能需要數年時間。有什麼上游行動是你重視到願意堅持五年甚至是十年的？

說到鞏固上游行動的信念和固執，我想到反菸人士莎莉．赫恩登，她長年與北卡羅萊納州的反菸組織一起推動相關計畫。赫恩登在一九九〇年加入組織，和團隊投入兩年時間進行籌備，但就在他們準備推出宣傳活動時，遭遇了重大挫敗。一九九三年，菸草產業說服州立法機關通過一條法律，規定政府大樓內必須保留兩成空間開放吸菸。更邪惡的是，這條法律禁止地方政府通過較嚴格的法規，赫恩登戲稱這根本是「髒空氣法」。

赫恩登和合作夥伴的理念是降低吸菸率以改善大衆健康，這正是典型的上游行動。但他們要如何戰勝全球最有勢力的遊說組織，而且還是在對方的大本營北卡羅萊納州？顯然他們沒有辦法一擊獲勝，赫恩登知道唯一的希望，就是用蠶食的方法解決問題。

他們也眞的採取了這樣的策略。第一步是挑選有可能獲勝的戰場：讓學校成為無菸環境。「就連菸農也不會想讓自己的小孩抽菸。」赫恩登指出。費時多年，他們在地方苦戰，終於取得成果，說服一所又一所學校的董事會推動禁菸運動。到了二〇〇〇年，他們成功說服全州一〇％的學區成為無菸環境。

請想想看：赫恩登的團隊花了整整十年，才在一〇％的學區看到成效，這還只是比較容易贏的戰場。這就是毅力。

幸好後來的進展急遽加速，在團隊行動邁入第二個十年期間，也就是二〇〇〇年到二〇一〇年，情勢開始對他們有利。立法機關通過了適用整個北卡羅萊納州的學校禁菸法律，適用範圍接著依序擴及到醫院、監獄、州議會；最後在二〇〇九年，連餐廳和酒吧也必須禁菸。

蠶食、蠶食再蠶食，上游的成功就是這樣累積而成，一次進步一點點，接著越跨越大步，最後你會發現自己抵達了終點線：制度變革。**迅速採取行動，耐心等待成果**。

二、**千里之行始於足下**。思考大規模的問題時，一定會面臨巨大數字的挑戰。要用什麼方法才能解決涉及一千人的問題？你的第一直覺可能會是：我們必須綜觀全局，畢竟要一一仔細關照這一千人是不可能的。但這樣的觀念並不正確。請回想一下本書提到的那些英雄人物，事實上，他們的行動都是以有名有姓的個人爲起點開始的。芝加哥的教師運用學生名單來協助九年級生；羅克福德的團隊過遊民名單來進行安置工作；高家暴風險團隊則是運用高風險名單來保護女性。當然，這些行動確實也必須仰賴制度變革才得以成功，但制度面的改革通常都是源於對個別案件的瞭若指掌；例如高家暴風險團隊正是因此發現必須在施暴者出獄前就先加裝 GPS 手環，而不是兩天後。其中的道理很明顯：**在幫助一千人或一百萬人之前，你必須先了解如何幫助一個人。**

原因在於，當你從夠近的距離觀察，才有辦法理解問題，正如我們在探討施力點時所提到的，要「接近問題核心」。芝加哥大學犯罪實驗室耗費心力，研讀了兩百份凶殺案驗屍報告，然而有多少人根本沒付出同等的努力來訓練自己的直覺判斷力，就對犯罪問題夸夸其談？又有多少人根本沒遇過任何一個無家者，就對遊民問題發表高見？

確實，當你面對牽涉到幾百萬人的問題，而不只是幾百或幾千人的規模時，會很難想像要如何實施這種「以有名有姓的個人爲起點」的方法。要影響百萬人，只能仰賴制度變革，但就連制度變革，也往往始於近距離觀察：必須有人對問題核心了解透徹到足以研擬新政策，並在更高的層級進行遊說，成功後，其他區域的領導者就會看到政策的成效並起而效尤。

還記得在田納西州遊說強制使用兒童安全椅的鮑伯．桑德斯醫師嗎？千里之行始於足下。

如果你想幫忙解決世界上的重大問題，請找有遠大目標和近距離第一線經驗的組織。

三、**計分板比解藥更重要**。我認爲社會部門一直以來都遭到不良的思維模式誤導：推行社會介入措施有點類似分送解藥。首先要研發出一種效果很好的「藥」，也許是一套輔導計畫、行爲治療或職業訓練模式。接著針對這種「藥」執行隨機控制研究，如果證實有效，就要努力把藥分送得越遠越好。

重點不在於這種實驗不好（實驗是很好的想法，也是了解介入措施有無效果的方法），問題在於過度執著於實驗本身，反而會對擴大規模和學習造成阻礙。以南卡羅萊納州的護理家庭夥伴關係實驗爲例，這正是典型的「解藥模式」：用長達六年的隨機控制研究來評估這項計畫。我深信這場實驗很公正（即使經過這麼多頁，我依然深信不疑），但如此嚴謹的實驗必須付出貨眞價實的代價。六年來，眞正在執行最重要任務的人——也就是輔助新手媽媽的護理師完全無法得知相關資料，一直到實驗結束爲止。你可以想像長達六年被蒙在鼓裡、最後在參加類似驚喜派對的活動時，某些學術研究人員才告知你成功或失敗嗎？這實在令人難以忍受。

更糟的是，解藥模式有一項基本原則：不可以在實驗過程中更換解藥。就算你突然靈機一動——**啊哈！換一種配方的話，效果應該更好！**——還是不能把提供給民衆的藥換成更新更好的版本，因爲這會妨礙到整個實驗。所以這些南卡羅萊納州的護理師在參與實驗的六年裡，等同於被禁止學習／改進／創新。

相對於解藥模式，我將專注於持續改善的思維稱爲「計分板模式」。在這種模式中，你需要集結一群願意爲解決問題負責的人，並提供資料讓他評估自己的進展。我們在第四章討論過這樣的概念，也就是喬伊．麥康納所提出的「以學習爲目標的資料」，而非「以鑑定爲目標的資料」：在第一線執行艱辛工作的人應該能取得即時且實用的資料，好輔助他們學習與適應。我之所以用計分板來比喻這種持續的資料流，是因爲這種方法能即時判斷自己是成功或失敗。

在此澄清，同時善用這兩種模式並非不可能；你可以運用解藥模式證明介入措施有效，不過要擴大規模時，應該鼓勵協力者進行微調，而不是限制他們調整配方。高家暴風險團隊就是個很好的範例：首先他們採用實證工具（危險評估工具），接著用團隊來包圍問題，團隊成員要運用這項工具來關懷特定女性，同時也要隨時調整做法，並且長期持續下去。冰島的運動也是如此結合兩種模式：先運用實證「解藥」來減少藥物濫用問題（例如鼓勵參與正規運動），但最後還是要仰賴他們設計的計分板（也就是年度調查資料）來引導和校準整個行動。

在計分板模式中，最重要的問題是：本週我們要如何取得進展？智遊網運用計分板模式，減少客服中心的電話數量；羅克福德市運用計分板模式，終結民衆無家可歸的問題；芝芝加哥公立學校系統運用計分板模式，讓畢業率提高二五％。

因此，如果你正在尋找可以貢獻一己之力的地方，請記得：**計分板比解藥更重要**。展開行動前，請不要執著於發想出完美的解決方案，而是要承擔起解決深層問題的責任，然後開始鍥而不捨地前進。

改變自己所在的組織

從個人層面應用上游思維的最後一種方法，就是改變你在職場上所隸屬的組織。你願意成爲從內部改善制度的那個人嗎？

二〇一五年，達爾沙克·桑維擔任美國聯邦醫療保險和醫療補助創新中心（簡稱「醫創中心」）預防醫學與人口健康部門主任。此中心隸屬於第十章提過的醫保中心，而這個聯邦政府機關，就是在負責執行聯邦醫療保險和醫療補助的業務。翻譯蒟蒻：桑維的職責就是在考量如何運用醫保中心的經費，來資助上游醫療行動。

依照聯邦政府的規定，特定的醫療創新如果能提供優質照護並節省成本（或其中之一獲得改善，且另一項保持不變），就可以將服務擴展到全國，並得到醫保中心的經費挹注。

這可是很高的標準，桑維在二〇一四年進入醫創中心時，根本沒有任何一項預防計畫通過門檻。

不過桑維和同事持續追蹤「糖尿病預防計畫」，並期望這項計畫有一天能達到標準。糖尿病預防計畫的宗旨是協助「有糖尿病前兆」的族群，也就是罹患糖尿病的風險很高、但目前仍不是患者的人。民眾可以在當地的社區組織報名參加這項計畫，參與者則要接受兩項挑戰：減去至少五%的體重，每週也必須進行至少二·五小時的體能活動（大約是快走的程度）。爲了達到這兩項目標，參與者需要參加一系列建立健康生活習慣的課程，由專長於此的教練講解；此外，教練也提供一對一諮詢服務。一項關於該計畫的大型研究發現，參與者完成挑戰後十年，罹患第二型糖尿病的機率仍比控制組低三分之一；即使部分參與者後來罹患糖尿病，發病時間也比平均值延後了四年。考量到大多數著重飲食和運動的計畫，在後續追蹤的結果都慘不忍睹，預防計畫的成績相當亮眼。

然而，官僚體系就是官僚體系，醫創中心決定用制度內的方法重新測試糖尿病預防計畫。到了二〇一五年年末，結果終於出來了。一如預期，這項計畫確實能有效防止或延後患者的狀況惡化成糖尿病。測試結果顯示，這項計畫有機會同時達到兩項超高標準：改善照護品質與節省成本。於是桑維和同事開始說服醫保中心的精算師，也就是負責證明計畫能否節省成本的關鍵人物。在他們的努力之下，糖尿病預防計畫確實有機會擴展到全國。桑維欣喜若狂：終於！這可是大規模預防措施的成功故事！

後來，在一場重大會議中，精算師坦言，他們無法證明糖尿病預防計畫可以節省成本。爲什麼？因爲這項計畫有助於延長民衆的壽命，而人的年紀越大，花費的醫療支出就越多。

這不是什麼地獄哏，而是聯邦政府的官方邏輯。

「我坐在原地，不敢置信。」桑維表示。「開什麼玩笑？就因爲這個原因？」時任醫保中心副主任，也是桑維上司的派屈克·康威心想：**這實在太瘋狂了，我們竟然因爲計畫可以拯救人命而不能投資！**

於是桑維和康威向主任精算師申訴，希望能翻轉這種計算節省經費的方式。接下來發生的事應該會讓所有曾覺得自己只是龐大機器裡小螺絲釘的人重燃希望：

二〇一五年耶誕節前夕，醫保中心的主任精算師收到一封寫在官方信紙上的信，寄件人是這位主任的直屬部下，一位即將退休的精算師。信中第一個段落的結尾暗示了接下來的內容：「由於這是本人發自內心的眞實想法，若用詞比平常更激烈，還請見諒。」

這位精算師在信中直言，醫保中心計算節約成本的方式實在是有違常理，彷彿精算師「刻意把焦點放在提升的平均壽命上，並宣稱這不是理想的後果，只因爲我們握有最強大的武器：數字。」

他也質疑，民衆要是知道這項政策的話，會有什麼反應，並想像媒體會下的新聞標題：

「政府告訴所有美國老人：禁止康復」
「精算師：拯救信託基金比拯救生命更重要」
「聯邦醫療保險是必要的，何須管老年人死活」

話雖如此，最後這位精算師仍從道德面呼籲改革，而不是從公關面。他用於收尾的段落實在是太精采，幾乎可以讓讀信的人聽到激昂的交響樂：

醫師誓詞第一條，「但求無傷」，不只醫師需要遵守，對所有在醫界服務的專業人士，包括精算師在內，這也是最重要的準則；說不定，最需要謹記這一條守則的就是精算師，畢竟糟糕的醫師只會傷害到幾個人，但糟糕的精算師卻會傷害到數百萬人。因此，精算部門應制定嚴謹的規範，禁止藉由估算拯救一條生命所增加的成本來進行精算。計算機可用來判斷醫師和醫院應該要有多少收入，但不可用來判定人應該活多久。

正義終於得以伸張。這位精算師的信，再加上桑維和康威的申訴，促使政府法規新增以下的法律用語：「美國聯邦醫療保險和醫療補助服務中心已做出決定，若預期特定計畫有助於延長壽命，相關成本不得納入評估該計畫淨支出之考量。」

做為這則故事的高潮，這段文字顯得格外索然無味：沒有槍戰、空中救援、死而復生或痛改前非，只有幾句話，而且非常無聊，不過就是加在聯邦政府規章手冊上的一小段法規。

儘管如此，這段文字卻忠實呈現出上游成就的樣貌：低調，卻強而有力，後續影響將如同漣漪般擴散，跨越時間。一句淡然無味的文字，就足以延續並拯救生命。

有一句名言是這麼說的：**「努力留下一個比你當初看到時更好的世界。」**我從不知道原來這句話是出自羅伯特·貝登堡，也就是童軍運動的創始者。他不僅留給我們童軍和女童軍活動，更教育了一代又一代的孩子要做好準備。換句話說：**展望未來，並準備好改變未來。**

我們容易耽溺於救援和應對措施帶來的光榮感，但我們的英雄不是只有負責重建、滅火、追捕罪犯和從河裡救出溺水小孩的人。有教師為了讓學生回到正軌並順利畢業，寧可犧牲午餐時間來輔導新生數學；有警察加強在受暴女性住家附近的巡邏業務，以確保她的前夫現身前能再三思；還有倡議人士努力集結弱勢社區的力量，就為了幫助他們爭取一直以來都無法擁有的公園和資源，這些人也都該被視為英雄。

這些人也是英雄：**不甘於常規、渴求進步的人。**

附錄
在社會部門擴展計畫

就如第七章所提到的，「成爲男人」計畫在前兩次隨機控制研究中取得相當正面的結果，但第三次試驗的結果卻較不理想，因爲第三次試驗涵蓋的學生人數比之前多了許多。資料顯示，參與該計畫的青少年越多，每個人所受到的平均影響越低，個人經驗的差異性也越大。

簡而言之，我們（包括所有機構的社會部門在內）對如何將成功計畫拓展出去的有效方法其實所知不多。基本上這是社會科學領域的常態。要找到像加盟連鎖速食店那樣發展的社會計畫（「蒙特梭利幼兒園」或「華德福學校」也許可以算是一個例子），簡直比登天還難。

當然，這樣的困境不是沒有原因，畢竟只要經過適當的訓練，大概有六十億人都能炸出合格的薯條，但又有多少人能做到東尼．D所做的事？夠幸運的話，也許我們可以找到千中選一的六百萬人？面對人類生命的混亂和複雜，我們實在難以像企業提供產品般可靠地提供解決方案。

「有越來越多人開始想解決這個拓展規模的問題，但全部都還在非常、非常早期的階段。」犯罪實驗室的延斯·路德維希坦言。「對一千個孩子很有效果的社會計畫，要如何擴展到對五千個孩子也很有效果，我們還沒找到祕訣。」

大致而言，我個人認爲這是個無解的問題，論及改善人類生活的計畫——我指的是像「成爲男人」計畫這樣，需要仰賴一群人提供服務給另一群人——眞的很難像炸雞或拿鐵一樣，輕輕鬆鬆就能大規模複製。正因如此，在社會部門，我們終究得轉換思維，要從「完全複製特定計畫來擴大規模」改爲「承擔解決問題的責任，並且依需求隨時調整計畫，以達到目標」。關於這個概念的深入探討，請參考我在第十二章後段對於「解藥 vs. 計分板」的長篇大論。

誌謝

首先，感謝在二〇一九年夏季對本書初期草稿提供意見回饋的讀者，謝謝你們大方分享自己的時間和見解，你們的建議和批評，讓本書變得更加出色。我在此表達衷心感謝。

在執行這次寫作計畫的過程中，許多人的智慧和指導一再帶給我諸多幫助，其中我最感謝的對象莫過於我的哥哥和協作夥伴奇普．希思，他爲本書提供了無數點子。另外也感謝下列各位提供了專業建議：喬伊．麥康納、羅珊．哈格蒂、尼克．卡內斯、莫琳．畢索納諾、貝琪．馬吉奧塔、克莉絲汀．馬吉奧塔、傑夫．埃德蒙森、延斯．路德維希、法扎德．莫斯塔沙瑞、賈斯丁．奧索夫斯基，以及我在杜克大學社會企業精神推廣中心的同事艾琳．沃沙姆和凱西．克拉克。

特別感謝以下各種領域的專家：聯邦基金的露莎．堤卡南爲我解說國際上的醫療支出模式；拜倫．潘斯達克協助我計算英特飛的報酬；萊莉．溫格爾指導我理解平均壽命的要素；

StriveTogether 的布里姬・詹卡茲和珍妮佛・布拉茲引導我去研究芝加哥公立學校系統的故事案例；還有梅莉莎・威金斯協助我蒐集讀者的意見回饋。

感謝社會部門的各位領導者千里迢迢前來，和我一起花了一整天進行上游思維的腦力激盪：貝絲・桑鐸、珍妮佛・布拉茲、凱特・荷莉、蜜雪兒・普力傑、安妮・艾德曼、蘇珊・瑞維斯、凱蒂・洪、塔瑪・修茲、愛莉森・馬可祖克、布莉姬・海恩和卡堤克・克里斯漢。

感謝彼得・格里芬和珍妮特・柏恩發揮強大的編輯能力，本書如有任何鬆散的段落，很有可能是因爲我忽視了他們兩位的建議。

我會永遠感謝核心團隊的研究人員，本書處處都是你們努力付出的痕跡：伊凡・內思特瑞克、莎拉・奧瓦斯卡福和瑞秋・科恩。一週又一週，你們幫助我把本書往完工的下游推，實在感激不盡。另外也誠摯感謝其他做出重大貢獻的研究人員：愛蜜莉・卡金斯、史黛芬妮・譚姆、瑪莉安・強森、茱莉安娜・高爾伯，以及傑傑・麥科維。

這十五年來，我有幸能與無人能敵的克莉絲媞・佛萊契合作，她非常擅長在對的時間給予對的意見，感謝佛萊契和她的團隊一直以來的支持。此外，本書能成爲 Avid 出版社首波出版的書，實在讓我備感榮幸，優秀的編輯班・羅內當然也功不可沒。我也眞心感謝協助本書出版的出版社團隊成員：梅麗迪斯・維拉爾洛、艾力克斯・普里米亞尼、喬丹・羅德曼和喬菲・法拉力埃德勒。

對於整個希思家族和艾伯森家族一直以來的關愛與支持，我的心中只有滿滿的感謝。另外，幸運如我，有妻子亞曼達、女兒喬瑟芬和茱莉亞的陪伴，才能成就今天的我。

Eurasian Publishing Group
圓神出版事業機構
用心與你對話・視野無限寬廣
究竟出版社
Athena Press

www.booklife.com.tw　　reader@mail.eurasian.com.tw

New Brain 032

上游思維 在問題發生前解決的根治之道

作　　者／丹・希思（Dan Heath）
譯　　者／廖亭雲
發 行 人／簡志忠
出 版 者／究竟出版社股份有限公司
地　　址／臺北市南京東路四段50號6樓之1
電　　話／（02）2579-6600・2579-8800・2570-3939
傳　　真／（02）2579-0338・2577-3220・2570-3636
總 編 輯／陳秋月
副總編輯／賴良珠
責任編輯／林雅萩
校　　對／林雅萩・蔡緯蓉
美術編輯／林雅錚
行銷企畫／陳禹伶・曾宜婷
印務統籌／劉鳳剛・高榮祥
監　　印／高榮祥
排　　版／陳采淇
經 銷 商／叩應股份有限公司
郵撥帳號／18707239
法律顧問／圓神出版事業機構法律顧問　蕭雄淋律師
印　　刷／祥峰印刷廠
2021年3月　初版
2024年3月　5刷

定價 380 元　　ISBN 978-986-137-315-7　
　Printed in Taiwan

從找困難，轉變爲找方法，
最關鍵的一步是意識到：你其實一直都有選擇。
認定自己沒有選擇，會把我們從靈活機動的人，
變成無能爲力的環境犧牲品。
這樣，改變就眞的不可能發生了。

——陳海賢，《了不起的我》

國家圖書館出版品預行編目資料

上游思維：在問題發生前解決的根治之道／丹・希思（Dan Heath）著，
廖亭雲 譯
-- 初版 -- 臺北市：究竟，2021.03，
304面；14.8×20.8 公分 --（New Brain：32）
譯自：Upstream: The Quest to Solve Problems Before They Happen
ISBN 978-986-137-315-7（平裝）
1.思考 2.成功法
176.4　　110000550